KB075210

스포츠 교육의 미래

스포츠교육의 미래

초판2쇄 인쇄 | 2023년 4월 15일
초판2쇄 발행 | 2023년 4월 20일

지은이 | 김상범 · 박상범 · 이태헌
펴낸이 | 김진성
펴낸곳 | 벗나래

편　집 | 박부연
디자인 | 장재승
관　리 | 정보해

출판등록 | 2005년 2월21일 제2016-000007호
주　소 | 경기도 수원시 장안구 팔달로237번길 37, 303호(영화동)
전　화 | 02-323-4421
팩　스 | 02-323-7753
이메일 | kjs9653@hotmail.com
홈페이지 | www.heute.co.kr

스포츠 교육의 미래

티칭이 아니라 코칭이다

김상범 · 박상범 · 이태헌
지음

차례

2018년 12월 20일 JTBC 뉴스룸을 시청하던 우리는 이 책을 쓰기로 마음먹었다. 다음은 우리의 마음을 움직인 손석희 앵커와 2002년 솔트레이크 동계올림픽 금메달리스트인 전 국가대표 주민진 선수의 인터뷰 내용 중 일부다. 주제는 쇼트트랙 대표팀 코치들의 폭력에 관한 내용이다.

손석희: 한 가지 의문점이 있습니다. 그렇게 폭력을 행사하지 않았다면 쇼트트랙은 그만큼의 성적을 거두지 못했을 까요?

주민진: 그렇지 않다고 생각합니다.

손석희: 왜 그렇지 않다고 생각하시는지 말씀해주실 수 있을까요?

주민진: 그 당시에 그렇게 폭행을 당하지 않고도 좋은 성적을 냈던

선수들도 있고, 또 폭행을 당했다고 해서 꼭 성적이 좋았던 것도 아니거든요. 게다가 성적이 좋았음에도 불구하고 폭행을 당해서 선수 생명이 끝난 경우들도 있었기 때문에 폭행과 성적은 전혀 상관이 없다고 생각합니다.

손석희: 코치나 감독들은 왜 그렇게 폭력을 행사했을까요?

주민진: 항상 제가 생각하는 것을 지금 질문해주셨는데요. 모든 것은 '무지'에서 비롯된 것이 아닌가 싶어요. 세대가 변하면서 코치와 감독도 당연히 공부를 해야 하고, 운동이라는 것 자체도 공부를 많이 해야 합니다. 부모 또한 선수를 잘 이끌고 뒷받침하기 위해 공부를 해야 하는데, 그런 노력들은 전혀 없이 무조건 훈련만 많이 하면 되고 때리면 복종한다는 식의 예전 방법을 그대로 사용하다 보니 더 좋은 방법이 있는데도 그런 관행이 계속 이어지는 거라고 생각합니다.

언제부터인가 스포츠계 소식에 말세의 징조가 가득하다. 더 큰 문제는 폭력이 지금도 이어지고 있다는 것이다. 초등학교 꿈나무 선수들이 헬멧이 깨지도록 맞았다거나, 국제시합 혹은 외국 전지훈련 중에는 외부의 눈을 피해 독방에 가둬놓고 때렸다는 이야기는 경악할 수준이다.

왜 그랬을까? 묻는 앵커의 질문에 '무지'를 지적한 주민진 선수의 대답은 대한민국의 모든 스포츠 지도자가 가슴에 새겨야 할 일침이다. 물론 '일부' 스포츠 지도자들의 이야기일 테지만 말이다.

오래전 서울대학교 이면우 교수도 비슷한 주장을 한 바 있다. 그는 자신의 저서 《신사고 이론 20》에서 사회적 발전을 저해하는 세 가지 공적公敵을 ① 무식한 자가 전문직인 경우, ② 무식한 자가 소신을 가진 경우, ③ 무식한 자가 부지런한 경우로 분류했다. 이면우 교수의 주장을 정리하면, 무식한 리더가 신념을 갖고 부지런할수록 그 조직이나 사회의 발전은 요원하다는 것이다.

시대가 변하고 선수들의 사고방식도 변했다. 우리가 살아가고 있는 모든 환경이 바뀌었다. 변화된 시대에 걸맞은 스포츠 지도자들의 의식과 코칭 방식이 절실한 때다. 우리는 오랫동안 코칭을 연구해온 학자로서, 자녀를 둔 부모로서, 개인과 조직의 발전을 돕는 전문 코치로서, 운동을 가르치는 지도자로서 사명감을 가지고 이 책을 쓰기로 마음먹었다.

이 책은 청소년을 가르치는 체육 교사, 청소년 자녀를 둔 부모, 민간 스포츠 현장에서 청소년을 가르치는 지도사범 및 관장 등 청소년 스포츠와 관련된 종사자들에게 좀 더 효과적으로 그들의 성장과 발전에 기여할 수 있는 구체적이고 실증적인 코칭 방법과 사례를 제시한다. 이 책에서 우리가 새롭게 만들어 제시하는 내용은 없다. "거인의 어깨 위에 올라서서 더 먼 곳을 볼 수 있게 된 셈이다"라고 했던 아이작 뉴턴의 말처럼 기존 학자들의 연구 자료와 우리의 경험들을 정리하고 종합하여 새로운 방향과 방법을 공유하고자 했다.

운동을 배우고 가르치는 과정은 이제 남녀노소를 불문하고 국내뿐 아니라 전 세계 지구촌의 일상사가 되었다. 따라서 스포츠 지도자들의 지도 방식에 대한 올바른 패러다임과 역량이 그 어느 때보다 중요하다. 예전에는 자신의 체험담을 들려주면서 그 경험에 기초하여 지시하거나 이야기하면 구성원들도 수긍하며 어느 정도 성과를 보였다. 즉, 자신의 경험이 정답이었던 시대였다. 그러나 지금은 이렇게 위에서 아래로 명령하는 톱다운topdown 방식으로는 큰 성과를 얻기 어렵다.

코칭 리더십은 특히 스포츠 지도자와 선수는 물론 고객과의 커뮤니케이션에서도 중요하게 작용한다. 스포츠 센터나 도장 등의 지도자는 고객의 목표 달성을 돕기 위해 자신의 전문성을 바탕으로 한 코칭 리더십이 필요하고, 고객은 지도자를 신뢰하며 일대일 상호 작용을 통해 목표에 대한 성과를 이룰 수 있기 때문이다. 이 과정에서 고객이 인식하는 지도자의 코칭 리더십에 대한 평가가 스포츠 센터의 성과에 상당한 영향을 미칠 수 있다.

기업뿐 아니라 학교나 학원, 예능이나 스포츠 분야에 이르기까지 과거와는 상황이 완전히 다르다. 특히 네트 세대net generation, 디지털 키즈digital kids, 사이버 세대cyber generation 등 다양한 이름으로 불리는 N세대는 디지털 기술을 통해 기존의 세대들보다 훨씬 더 많은 것을 빠르게 배우며, 과거와는 다른 방식으로 학습하고 놀고 의사소통하는 것이 생활화되어 있다. 따라서 이들을 대하는 방식도 달라져야 한다. 현대는 정답이 없는 시대이기 때문이다. 급속 성장이 가능했고 경쟁의 정도가 지금처럼 심하지 않았던 시기에 흔히 행해졌던 '하면 된다', '이렇게만 해라'라는 식의 지시나 명령은 더 이상 현세대에 유효하지 않다.

코칭이란 한마디로 '상대의 자발적인 행동을 촉진하기 위한 커뮤니케이션'이다. 자신의 생각에 따라 스스로 나아갈 길을 결정하고 그러기 위해 무엇을 해야 하는지를 인식하여 주체적으로 행동하는 것이며, 그것을 돕는 것이 코칭인 것이다.

코칭이라는 용어는 1980년대부터 스포츠 영역에서 벗어나 기업 세계로 도입되었다. 초기에는 코칭이 고위 임원에게만 실시되었지만 점차적으로 확대되어 중간 관리자급까지 확산되었다. 국내에서도 2000년대 초반부터 대기업과 글로벌 기업을 중심으로 도입되어 급속하게 발전하고 있으며, 임원 코칭뿐 아니라 잠재력이 높은 중간 관리자 코칭, 목표 달성을 위한 팀 코칭, 동일 레벨의 관리자들을 대상으로 한 그룹 코칭 등으로 확산되어왔다. 최근에는 코칭이 일반화되어 생각지 못한 의외의 영역들까지 적용되는 경향을 보인다. 심지어 군대에서도 몇 년 전부터 이미 지휘관들의 리더십 핵심 역량 중 하나로 코칭 스킬이 강조되고 있는 실정이다.

그런데 우리가 늘 아이러니하게 생각하는 것이 있다. 코칭이라는 단어가 스포츠 분야에서 유래되었음에도 불구하고 코칭 접근법에 대한 명확한 개념 인식과 실천 면에서 스포츠만큼 뒤떨어진 분야도 없다는 것이다. 이와 관련하여 국내에서도 최근 들어 스포츠 교육학자들을 중심으로 스포츠 코칭이 단순히 운동선수의 경기력을 향상시키는 티칭 행위가 아니라 코칭의 대상자를 하나의 인격체로 성장시키는 교육으로서 재개념화해야 한다는 주장들이 제기되고 있다.

즉, 스포츠 지도자들이 스포츠 코칭을 운동기능뿐 아니라 인지적, 정서적 기능을 발달시킬 수 있는 활동으로 인지하여 더욱 과학적으로 이해하고 잠재력이 발휘될 수 있도록 도울 수 있는 창조적인 지도자가 되어야 한다는 것이다. 여기서 스포츠 지도자라 함은 엘리트 체육과 학교 체육뿐 아니라 생활 스포츠 분야의 스포츠 지도자들로서 태권도를 비롯한 무도 사범 및 관장, 피트니스 센터, 생활체육 시설 등의 강사를 모두 포함한다.

스포츠 분야에서 코칭적 접근법이 활성화되지 못한 이유는 스포츠 지도자들이 엘리트 운동선수들을 중심으로 지도하여 특정 종목에서 이기거나, 그 선수들의 성적만으로 평가받아왔기 때문일 것이다. 이러한 성적 지상주의 스포츠 지도 방식은 많은 부작용과 함께 비판을 받아왔다.

2000년대 초반부터 발표되고 있는 미국과 영국 등에서 연구된 결과들을 살펴보면, 단지 운동기능을 '티칭'하는 차원을 넘어 전인적인 접근 방법에 중점을 두고 스포츠 '코칭'을 했을 때 더 긍정적인 효과를 얻는다는 주장들이 지배적이다. 이 책을 출간하게 된 목적은 변화된 스포츠 환경 아래에서 이처럼 효과적인 코칭에 대한 스포츠 심리학적 이해와 그 코칭이 지도자와 선수들에게 어떻게 적용되는지를 소개하기 위해서다. 스포츠 분야에 종사하는 지도자와 전문가들에게 좋은 지침서가 될 것으로 기대한다.

이 책에서 말하는 스포츠 지도자(또는 코치)는 앞서 언급했듯이 운동선수를 지도하는 코치나 감독뿐 아니라 체육 교사, 체육 시설 스포츠 지도사, 강사 등 남녀노소를 대상으로 운동 지도를 업으로 하는 모든 사람을 의미하며, 선수(또는 피코치)는 이들에게서 운동 지도를 받는 모든 사람을 지칭한다.

이 책은 7개의 장으로 구성되었다. 1장은 스포츠 지도자의 핵심 역량이라 할 수 있는 코칭의 역사와 개념, 기존 스포츠 코칭 방식과의 차별점, 스포츠 지도자들의 올바른 코칭이 유청소년들에게 미치는 영향에 대해 다룬다. 2장에서는 이 책에서 말하는 '코칭'의 원조 격이라 할 수 있는 티모시 골웨이Timothy Gallwey의 '이너게임'을 소개한다. 이너게임은 코칭의 탄생 배경으로서 스포츠 지도자들이 '코칭'에 대해 새롭게 눈을 뜰 수 있는 단서가 되기 때문이다. 3장에서는 인간의 에너지를 어떻게 결집하고, 자극하고, 재충전하여 최고의 에너지를 끌어낼 수 있는지에 대해 심리학적 접근을 통해 다룬다. 4장에서는 스포츠 심리학의 관점에서 코칭의 효과를 정리한다. 5장에서는 현장에서 활용할 수 있는 코칭 스킬에 대해, 6장에서는 효과적인 코칭을 위한 GROW 코칭 프로세스에 대해 설명하며, 마지막 7장에서는 유명 스포츠 지도자들의 코칭 리더십의 공통점에 대해 소개한다.

많은 자료를 수집하고 종합하고 정리한 끝에 한 권의 책으로 선보이게 되었지만 아직도 부족한 점이 많기에 고민도 계속된다. 그럼에도 불구하고 흔쾌히 출판을 허락하신 호이테북스의 김진성 대표님께 진심으로 감사드리며 모든 편집부원께도 감사드린다.

모쪼록 이 책이 한국의 미래를 책임질 유청소년 스포츠 지도자들의 패러다임의 전환과 코칭 리더십 개발에 조금이나마 기여할 수 있기를 바란다. 아울러 많은 체육인들이 코칭을 통해 자신의 잠재력과 능력을 최대한 발휘하면서 행복해지기를 희망한다.

대표 저자 김상범

1장

사람에게는 그 어떤 것도 가르칠 수 없다. 단지 스스로 깨닫는 것을 도와줄 수 있을 뿐이다.
－갈릴레오 갈릴레이

스포츠 지도자의
핵심 역량 '코칭'

코칭의
역사와 개념

옥스퍼드 사전에는 '코치coach'라는 단어의 의미가 '교육하다, 훈련하다, 힌트를 주다, 사실을 알려주다'로 정의되어 있다. 이런 정의는 스포츠 지도자들에게 별로 도움이 되지 않는다. 이런 행동은 이 책에서 말하고자 하는 코칭Coaching과 관계가 없기 때문이다. 코칭은 행동 그 자체이기도 하지만 행동이 이루어지는 메커니즘이기도 하다. 코칭은 주로 코치와 코칭을 받는 사람(이하 피코치) 간의 상호 관계 및 커뮤니케이션에 의해 결과를 만들어낸다. 피코치는 코치가 아닌 자기 자신으로부터 해답을 찾아낸다.

코칭이라는 용어는 헝가리의 'kocs'라는 마을에서 개발된 사륜

대형 경마차를 일컫는 '코치coach'에서 파생되었다. 마차를 모는 사람을 '마부postillon' 혹은 '코처coacher'라고 했는데 이는 승객들을 현재의 장소에서 지정된 다른 장소로 인도하는 동반자 역할로, '뱃사공' 혹은 '안내인'의 이미지를 연상시킨다. 그리스 로마 시대에 '코치'는 왕자 옆에 앉아서 전쟁 기간 동안 이륜마차를 모는 임무를 맡은 사람이었다.

코칭은 스포츠 영역에서 가장 익숙한 용어이며, 선수나 팀의 훈련이라는 뜻으로 정의한다. 실제로 1950~1960년대 미국에서는 미식축구 등 스포츠 감독들을 코치라고 불렀다. 지금도 감독을 '헤드 코치head coach'라고 부르기도 한다.

코치는 선수의 신체적 훈련뿐 아니라 정신적, 감정적 차원까지 개입하는 감독관이었다. 코치는 선수의 역량을 개발할 뿐만 아니라 신체적 훈련과 정신적 준비, 스트레스와 감정 관리에 이르기까지 신체와 정신이 결합된 다차원적인 파트너십을 통해 동기를 유발하고 경쟁 환경에 적응하도록 지원하는 사람이었다.

코칭 하면 아마도 많은 사람들이 야구, 축구, 농구 등 스포츠를 머릿속에 떠올릴지 모르겠다. 스포츠에서 코치는 선수가 더 좋은 성적을 올릴 수 있도록 지도하기 위해 존재한다. 그래서 현역 시절에 실력이 탁월했던 선수가 자신의 경험이나 기술을 가르치는 기술 지도자가 되는 경우가 많다. 즉, 코칭이 아니라 티칭인 경우가 대부분이었다. 코칭은 선수들에게 뭔가를 가르치거나 지시하는 것이 아니라, 본인이 익혀야 할 것들을 알아차릴 수 있도록 이끌고 또 이를 실천할 수 있도록 의욕을 끌어올리는 일을 한다.

이 책에서 말하는 코칭은 '문제에 대한 해답은 항상 본인이 가지고 있다'는 사실을 전제로 한다. 하지만 지시나 명령에 익숙해져 있는 대부분의 사람들은 이것을 알지 못한다. 스스로 답을 찾고 내적 동기유발을 통해 실행력을 높이는 것이 바로 코칭이다.

코칭은 1950년 경영 관련 문헌에도 나타나고 있다. 1974년에는 테니스 코치인 티모시 골웨이Timothy Gallwey가 《테니스의 이너게임 The Inner Game of Tennis》에서 성과를 이루고 목표를 달성하는 것에 대한 방법을 소개하면서 이러한 방법론에 관심이 집중되었다. 이후 그는 여러 차례 관련 서적을 집필했으며, 국내에서는 2006년에 《이너게임》이 출간된 바 있다. 책 속에 담긴 코칭 방식은 경영이나 심리학 분야에 적용되기 시작했다.

현재의 코칭을 잘 이해하기 위해 1980년대 초로 거슬러 올라가 보자. 당시 재무 컨설턴트였던 토머스 레너드Thomas J. Leonard가 고객들과의 만남에서 고객들이 무엇을 원하는지, 인생에서 이루고 싶은 것이 무엇인지, 언제 그 일을 하길 원하는지 등의 요구를 파악하고 그들과의 신뢰를 바탕으로 대화를 이끈 결과 고객이 보다 나은 미래를 설계할 수 있었다고 한다.

어느 날 고객 중 한 사람이 레너드가 하는 그것이 바로 코치의 역할이라고 일깨워주었다. 레너드는 그룹을 지원하는 일보다 개인이 자기계발을 하도록 도와주는 일에 더 큰 관심을 갖게 되었으며, 의식과 행동의 변화에 필요한 전인적인 이해와 기술의 필요성을 깨닫게 되어 코칭의 방법론을 연구했다.

레너드는 코칭 운동에 관심을 가진 사람들과 함께 1994년 국제코치연맹International Coach Federation, ICF을 설립했다. 미국에서는 이렇게 1990년대에 전문 코치를 배출하는 과정이 본격적으로 개발되었다. 2000년 전후로 전 세계의 전문 코치 자격을 인증해주는 국제코칭 인증기관으로 공인되어온 국제코치연맹은 교육 시간, 실제 코칭 시간 등에 따라 코치 자격을 부여하고 있다.

코칭 발전을 위한 우리나라의 본격적인 첫 출발은 2003년 6월 7일 결성된 국제코치연맹 한국지부ICF Korea Chapter라고 볼 수 있다. 한국의 코치와 코칭 활동을 대표하는 주체로서 발족된 본 협회는

2006년 노동부 산하 사단법인으로 인가되어 2019년 현재 6,300명의 인증 코치가 사회 각 분야에서 활발한 활동을 전개하고 있다.

최근 전 세계적으로 코칭 산업이 급격하게 발전하고 있다. 특히 2008년의 글로벌 금융 위기 이후 세계적인 경제 침체에도 불구하고 코칭 산업은 지속적으로 성장해왔다. 국제코치연맹에서 발표한 2012년 보고서에 의하면 시장 규모는 약 20억 달러에 이르고 있으며, 코치의 수도 전 세계적으로 47,500명에 달한다. 국제코치연맹의 회원 수도 2006년 1,000명이었던 것이 현재는 2만 명을 훨씬 넘어서고 있다.

최근에는 코칭이 일반화되어 매우 다양한 영역에 적용되고 있다. 이는 의사결정에 대한 지원, 자아실현, 커리어 선택, 청소년의 성장과 발달, 자기주도적 학습 등 생애주기에 따라 발생하는 인간의 다양한 성장 욕구와 잘 맞닿아 있기 때문인 것으로 보인다.

코칭의 개념은 이와 같이 다양한 분야에서 적용되고 있으며 분야별로 각기 차별화된 학문적 접근이 시도되고 있지만, 각 분야마다 코칭 대상자들의 성장과 발전을 위해 다양한 교육적 장치들이 복합적으로 적용되고 있다는 점에서 그 지향점은 모두 같다.

그렇다면 왜 스포츠 리더들에게 코칭이 중요한지 살펴보도록

하자.

왜 코칭인가

부치 하먼은 세계적인 골퍼 타이거 우즈의 코치다. 어느 기자가 하먼에게 물었다.

"세계 최고의 골퍼에게 당신은 어떻게 코칭을 합니까?"

그는 이렇게 대답했다.

"물론 우즈가 골프를 잘 치니 가르칠 게 없습니다. 하지만 내 일은 우즈에게 많은 질문을 하고, 다음 시합의 이미지를 확실히 그려볼 수 있도록 돕는 것입니다."

이처럼 코칭은 일방적으로 답을 강요하거나 지시하는 것이 아니라 스스로 생각할 수 있도록 돕는 것이다. 이제 스포츠 분야의 지도자들도 선수들이나 교육생들을 관리하고 감독하기보다는 자발성을 이끌어내고 스스로 정한 목표를 향해 행동할 수 있도록 촉진제 역할을 하는 코치로서의 역할이 필요한 때다.

이 책에서 말하는 코칭이란 무엇인가? 우선 '모든 사람은 무한한 잠재력을 가지고 있다'는 코칭 철학과 상호 신뢰를 바탕으로 한다. 이러한 코칭 철학의 기반 위에 경청, 질문, 피드백, 지지, 인정하기 등과 같은 코칭 스킬과 코칭 대화 프로세스를 통해 '코칭 대상자 스스로 자신의 문제를 해결하고 지속적으로 성장해나갈 수 있도록 지원하는 수평적 파트너십'이라고 말할 수 있다.

코칭은 일방적인 지시나 지적과는 달리 경청 스킬을 통해 선수나 피교육자의 표면에 나타나는 욕구뿐만 아니라 내면의 의도를 면밀히 관찰해야 한다. 관찰을 통해 직관적으로 그들의 진의를 분별하여 욕구, 필요, 문제를 스스로 해결할 수 있도록 적절하면서도 강렬한 질문을 던진다. 이를 통해 선수는 자신감이 상승하고, 코치나 감독의 말을 오해나 자격지심 없이 듣게 되어 커뮤니케이션과 직관력에 도움을 준다. 이는 순간적인 판단 능력이나 문제해결 능력의 상승으로 스스로 문제를 해결하는 셀프코칭이 발달하는 선순환 구조를 형성하게 된다.

질문 스킬은 상황에 부합하는 적절하고도 탁월한 질문을 통해 코치와 배우는 사람 모두에게 변화의 시발점이 된다.

피드백 스킬은 배움과 성장에 대한 의지가 있는 사람이 자신을 객관적으로 바라볼 수 있게 해준다. 긍정적이고 의미 있는 피드백은 코치가 대상에게 집중하고 헌신하게 하며, 온전한 몰입으로 상호 협력 과정을 통해 전문성과 책임감이 상승하게 된다.

인정 스킬은 코치의 인정을 통해 본능적으로 자신의 존재 이유에 대해 확신을 얻게 하며, 그 확신은 자신의 존재 가치에 대한 믿음으로 이어진다. 이러한 믿음은 자신의 능력과 가능성에 대한 모두의 인정을 통해 획득된다. 인정을 통해 사고와 감정에 대한 자부심과 자존감을 갖게 되어 삶 전반에 보다 적극적이고 긍정적으로 참여하게 된다. 진정한 인간으로서 존중과 인정을 받은 후에는 더욱 똑바로 자신을 바라볼 용기가 생기며, 자신의 변화에 주도적으로 참여하게 되고 삶을 책임지고자 하는 의지가 바로 서게 된다.

이렇게 코칭은 스포츠 분야에서 정의하는 '선수를 가르치고 훈련하는 일련의 과정'을 넘어 고귀한 존재로서 존중받고 자발적 동기를 유발할 수 있도록 돕는 과정이다.

전국적으로 스포츠 관련 교육 또는 서비스 업종의 사업체 수는 2017년 기준 101,207개로 조사되어 전년 95,387개 대비 6.1% 증가했다. 매출액은 74조 7천억 원으로 전년 72조 6천억 원 대비 2.9% 증가했으며, 종사자 수 역시 42만 4천 명으로 전년 39만 8천 명 대비 6.3% 증가해 전체 스포츠 산업의 규모는 지속적으로 성장하는 모습을 보였다(문화체육관광부, 2018). '2015 국민 생활체육 참여 실태 조사(문화체육관광부, 2015)'에서는 생활체육 활동 참여가 삶에 긍정적인 영향을 미친다고 응답한 사람이 79%로 조사되었다. 즉, 다양하고 규칙적인 생활체육 활동은 일반 국민들에게 신체적, 정신적, 사회적 건강 유지를 통해 의료비 절감과 행복지수 상승에 긍정적 요인으로 작용한다는 것이다.

이 같은 사회 현상의 중심에서 가장 중추적인 역할을 수행하고 있는 사람이 바로 스포츠 지도자다. 그런데 최근 매체에 자주 등장하며 화제가 되고 있는 스포츠 지도자들에 대한 내용을 살펴보면, 비교육적인 행동이나 지도 능력의 부재에 대한 것이 대부분이다. 참으로 안타깝고 우려되는 현실이다.

훌륭한 스포츠 지도자의 자질이 기술의 전문성, 기능적이고 과학적인 훈련 능력에 의해서만 결정되는 경향 또한 안타깝다. 그런 능력을 갖춘 지도자는 '유능한 스포츠 지도자'일지는 몰라도 '훌륭한 스포츠 지도자'는 아닐 수도 있다. 왜냐하면 그 능력은 훌륭한 스포츠 지도자가 되기 위한 필요조건이지 충분조건은 아니기 때문이다.

스포츠 지도자들의 리더십에 관한 국내의 연구들을 살펴보면 운동에 대한 전문 지식과 기능적인 측면 외에도 성실성과 노력, 선수에 대한 사랑, 솔선수범 및 모범, 신뢰, 운동에 대한 애착, 책임감, 공감, 수용과 같은 커뮤니케이션 능력 등이 이상적인 자질로 보고되고 있다. 또한 스포츠 지도자의 행동이 선수가 선호하는 지도 행동과 일치되었을 때 훈련의 효과가 높은 것으로 나타났으며, 경기력을 최고치로 높이기 위해서는 지도자와 선수 간의 상호 신뢰가 필요하다는 것을 강조하고 있다.

그러나 지금까지는 훌륭한 스포츠 지도자의 조건에 대해 전문 지식과 기능을 우위에 두는 기능적인 능력 개발을 일차적인 임무로 보고 지도자 교육에서부터 기능적인 지식의 습득을 강조했으며, 지도자 교육은 경기력athletic performance을 향상시키는 내용을 중심으로 했던 것이 사실이다.

스포츠 지도자들은 자신이 의식하든 의식하지 않든 과거의 경험과 신념을 바탕으로 지도하게 되는데, 이러한 신념을 평생 고수하는 지도자가 있는가 하면 자기반성을 통해 지속적으로 신념을 교정해나가려고 노력하는 지도자도 있다.

그러나 지도자가 제아무리 훌륭한 경험과 신념을 가지고 지도한다 하더라도 그 가르침과 지도 방식이 시대적 요구와 본래의 목적에 도움이 되지 않는다면 사상누각에 불과하다. 특히 현재 우리나라도 엘리트 스포츠가 생활 스포츠로, 또 사회 스포츠로 패러다임이 변하는 상황 속에서 과거에 스포츠 지도자들이 가졌던 코칭 철학 또한 변해야 하는 시점에 이르렀다. 앞으로 현장의 스포츠 지도자들에게 필요한 것은 전문 지식이나 기능만이 아니라 피코치들에 대해 가지고 있는 패러다임의 전환, 그리고 스포츠 지도자로서의 역할과 사회적 책임에 대한 명확한 인식이다.

인간은 동기를 유발시키고 감독해야 할 물건이 아니다. 인간은 신체, 지성, 감성, 영성의 네 가지 차원의 욕구를 가진 존재다. 유사 이래 동서양의 철학과 종교를 살펴보면, 신체적 및 경제적, 지적, 사회적 및 감성적, 영적 차원이라는 네 가지 차원을 발견할 수 있다.

인간은 의식적 혹은 무의식적으로 대우받는 정도나 이 네 가지 차원(신체, 지성, 감성, 영성)의 영역을 개발시킬 기회 부여에 따라 저항하거나 조직을 떠나거나 반대로 열정에 사로잡혀 창조적으로 일하게 되는 등 헌신의 강도를 결정한다고 한다. 인간의 본성 네 가지 가운데 어느 하나라도 소홀히 하여 사람을 물건으로 전락시킨 채 동기를 부여하기 위해 감독하고 관리하고 당근과 채찍을 강요한다면 어떻게 되겠는가?

오늘날 스포츠계에서 나타나는 근본적인 문제점들은 이러한 네 가지 차원에 대한 스포츠 지도자들의 왜곡된 패러다임에 원인이 있다.

그렇다면 어떤 패러다임이 필요할까? 스포츠 지도자들은 배우고자 하는 대상을 교정이나 지적의 대상이 아니라 '성장과 발전 가능성을 지닌 전인적인 존재'로 인식하는 코치로서의 패러다임을 가져야 한다.

미국의 소설가 존 가드너는John Gardner는 "병들어 있는 조직은 대부분 자신들의 결함을 보지 못한다. 그들은 문제를 해결하지 못해서가 아니라, 문제 자체를 파악하지 못하기 때문에 고통을 겪고 있다"고 말했다. 아인슈타인도 비슷한 맥락으로 "우리가 직면하고 있는 심각한 문제는 그것들이 야기되었을 때의 사고방식으로는 해결되지 않는다"고 말했다.

언제까지 언론 매체의 스포츠 면을 말세의 징조로 채울 것인가?

3 코칭의 차별성

흔히 '코칭' 하면 스포츠 선수들의 훈련 장면을 떠올린다. 코치라는 명칭은 선수의 기량을 높이기 위해 효과적인 훈련 방법과 기술 습득을 돕는 전문가들에게 처음 붙여졌다. 이에 따라 사람들은 코칭이라고 하면 운동선수를 체계적으로 훈련시키는 전문가의 모습을 자연스럽게 상상하게 된다. 예를 들어, 새로운 기술을 가르치고 체력을 체계적으로 강화시키며, 다양한 상황에 대응할 수 있는 전략을 학습시키는 것이다.

그런데 이것은 코치보다는 트레이너의 역할에 가깝다. 진정으로 유능한 스포츠 코치들의 모습을 살펴보면, 이들은 본인이 알고 있는 더 좋은 방법을 선수들에게 직접 가르치기보다는 선수들에게 효과적인 방법이 무엇인지를 스스로 경험을 통해 발견하게 해준다. 그리고 도달하고자 하는 목표를 명확하게 공유하고 이를 달성하는 데 필요한 자신감을 갖게 할 방법에 초점을 맞춘다. 이는 선수들의 운동 역량뿐만 아니라 심리적이고 성격적인 면에서의 강점과 약점을 정확하게 알고 있기에 가능하다.

무엇보다 유능한 코치는 선수 스스로 명확한 목표의식과 동기를 가질 수 있도록 전문적으로 돕는다. 이러한 스포츠 코치의 역할이 바로 이 책에서 말하는 코칭의 개념과 가장 유사한 접근이다. 차이가 있다면, 스포츠 코치의 경우, 정해진 목표와 어느 정도 틀에 짜인 기술 습득, 그리고 훈련 과정이 더 많이 포함되어 있다는 정도일 것이다.

이해를 돕기 위해 이번에는 코칭과 유사한 전문적인 조력 과정들과 비교해보자. 멘토링과 컨설팅이 유사하게 여겨지는 분야일 것이다. 코칭을 이들과 비교하는 데에는 두 가지 기준이 유용하게 활용된다. 그 두 가지 기준은 이렇다. 첫째, 누가 전문가인가? 둘째, 누가 해답을 가지고 있는가?

현재 도움이 필요한 문제에 대해 누가 더 전문적인 지식과 경험이 많은지 그 기준을 논하자면, 코칭은 멘토링이나 컨설팅과는 정반대 지점에 있다. 왜냐하면 코칭은 코치보다 피코치가 자신의 변화와 성장에 대해 더 많은 지식과 경험이 있다고 가정하기 때문이다. 따라서 코치는 피코치를 가르치려 들지도 않고 가르칠 수도 없다.

물론 문제의 종류나 상황에 따라 피코치가 코치에게 전문 지식을 요청하기도 한다. 그러나 이는 코칭의 기본적인 과정이라기보다는 피코치의 요청에 따른 적절한 대응 혹은 도움일 뿐이다. 즉, 코칭의 핵심 요소는 아니다.

또 다른 기준은 누가 질문하고 누가 답을 하는지의 문제다. 코칭은 컨설턴트처럼 전문가가 체계적인 분석 작업을 통해 고객이 얻고자 하는 솔루션을 '제시'하는 것이 아니라 효과적인 질문으로 피코치 스스로 '자신에게 맞는 답을 찾도록' 도와주는 것이다. 멘토링은 멘토가 자신의 유용한 경험과 정보를 멘티와 공유함으로써 멘티의 성장을 돕는 과정이다. 코칭에서 코치와 피코치 간의 수평적 관계와는 달리 멘토와 멘티의 관계는 수직적 관계에 가깝다. 멘토의 전문적인 대화 기법이나 프로세스보다는 멘티와의 긴밀한 관계, 경험과 정보의 유용성에 따라 멘토링의 효과가 달라질 수 있다.

아마도 코칭과 가장 근접 영역에 있는 것이 바로 상담과 심리 치료이며, 이 두 가지가 코칭과 중첩되는 부분이 가장 많을 것이다. 심리 치료를 군이 상담과 구분한다면, 정신병리와 성격역동에 대한 보다 전문적인 지식을 토대로 분석적인 작업을 통해 진단을 내리고 심리적 갈등과 부적응, 문제 행동을 없애기 위해 체계적인 치료 과정이 진행되는 것이 심리 치료라고 할 수 있다. 이러한 면에서 심리치료자는 좀 더 전문적인 견지에서 문제를 바라보고 판단을 내리며 변화 과정을 주도하는 역할을 할 수 있다.

이에 비해 코칭은 피코치가 스스로 변화를 주도하는 것이 차이점이다. 상담의 다양한 접근에 따라 차이는 있겠지만 전반적으로 상담이 심리 치료에 비해 코칭과 더 유사하다. 구체적으로 상담자(상담을 제공하는 사람)와 내담자(상담을 받는 사람)가 보다 동일한 수준에서 파트너십을 맺고 내담자 주도의 변화 과정이 상대적으로 더 많이 이루어지기 때문이다.

마지막으로 상담과 코칭의 차이점을 좀 더 구체적으로 살펴보자. 상담의 여러 접근 중에서 특히 내담자 중심의 접근, 동기 강화적 접근, 해결 중심적 접근 등은 코칭과 기법 면에서 유사한 점이 많다. 뿐만 아니라 내담자 중심의 접근과 코칭은 인본주의 철학을 공유하고 있기도 하다.

그러나 전반적으로 상담과 코칭을 구분하는 기준은 기법이라기보다는 인간 본성에 관한 관점이며, 더 나아가 관점보다는 궁극적으로 지향하는 방향이라고 할 수 있다. 코칭은 내담자 중심의 상담 접근과는 인본주의적 철학 및 기법에서 유사한 점이 많다. 그럼에도 상담은 현재 겪고 있는 심리적 불편함을 해소하고 이전의 안정 상태로 회복시키는 것이 우선적인 반면, 코칭은 현재의 문제 해결을 넘어 장기적이고 지속적인 성장을 위한 토대를 구축하는 것이 주요 목표라는 점에서 차이가 있다.

이 차이는 단지 목표를 어디에 두느냐에 국한된 것이 아니다. 지금 당장의 심리적 고통 해결에 초점을 둔다면 어떤 심리적 어려움이 있는지, 그것이 얼마나 심각한지를 파악하고 그것이 어디에서 왔는지 그 원인을 찾는 작업이 우선적으로 진행될 것이다. 정확한 원인을 찾아 제거하는 것과 새로운 방향으로 변화를 꾀하는 데 필요한 자원을 찾는 것은 다른 방향의 작업이다.

코칭은 현재는 어려움이 있지만 이전의 성공 경험과 잠재력을 발휘했던 사례들을 떠올리는 과정을 통해 억압되어 있는 긍정적 자원에 집중하게 한다. 따라서 현재의 고난을 넘어 장기적 차원에서 성장 자원을 찾는 일에 더 많은 관심을 기울인다.

그렇다고 해서 코칭이 항상 개인의 유능하고 긍정적인 면만 바라보게 한다는 것은 아니다. 궁극적 지향점이 지속적인 성장이므로 단지 현재의 문제 해결에만 초점을 두는 것은 제한적 접근이라는 뜻일 뿐이다. 지속적인 성장의 토대를 마련하기 위해서는 문제가 되는 부분 혹은 부정적인 요소들을 제거하는 것을 넘어서 새로운 역량을 갖추고 잠재적 자원을 발휘할 수 있도록 도와주어야 한다. 문제가 발생한 당시와 동일한 수준의 사고로는 문제를 해결할 수 없다는 아인슈타인의 말처럼 새로운 변화를 만들어가는 방법은 다를 수 있다. 코칭은 새로운 변화와 성장을 지향한다는 점에서 상담과 차이가 있다.

코치의 역할과 요건에 대해 살펴보는 것도 코칭을 다른 조력 분야와 구분하는 데 도움이 될 것이다. 흔히 코치라고 하면 코칭을 받는 대상보다 경험 면에서 우위에 있어야 한다고 생각한다. 상대방이 아직 깨닫지 못하고 있는 부분을 코치가 구체적으로 알려주거나 몰랐던 방법을 제공하는 것으로 생각하기 때문이다.

조직의 리더를 대상으로 한 리더십 개발을 예로 들어보자. 물론 리더십 개발 코치가 코칭 대상자의 관련 업무에 대한 경력이나 전문성을 풍부하게 갖추고 있다면, 그것은 어떤 코칭 이슈가 나오더라도 맥락을 정확하게 이해하고 공감하는 데 유리한 조건이 될 것이다. 때로는 아직 경험이 부족한 신임 리더의 시각을 넓혀주거나 실질적인 조언도 해줄 수 있을 것이다.

그러나 이는 코치의 개인적 경험이 제공하는 부가적 효과일 뿐, 이것이 코칭의 핵심이 될 수는 없다. 코치의 핵심 역량은 코칭의 지향점과 철학을 토대로 코칭 과정을 전문적으로 이끌어가는 능력이다. 이 과정에는 특정 코칭 이슈에 대한 전문적인 경험보다는 피코치 개인에 대한 전문적이고 통합적인 이해가 더 중요하게 요구된다.

코칭은 최고의 성과자나 최고의 경험과 능력의 소유자가 아니더라도 성공적으로 할 수 있다. 타이거 우즈의 코치인 부치 하먼이 말했듯이 그는 우즈만큼 골프를 잘할 순 없다. 정작 필요한 것은 상대를 이해하는 마음, 올바른 코칭 철학과 스킬, 증명된 피드백 방법과 절차를 따르는 과정이다.

4 스포츠 코칭이 유청소년에게 미치는 영향

유청소년 교육에서 스포츠 지도자는 중요한 인적 자원으로서 부모 다음으로 청소년들과 가장 밀접한 상호 작용을 하는 성인이라고 할 수 있다. 여기서 스포츠 지도자라 함은 학교 체육 교사, 민간 스포츠 시설 및 학원 강사, 태권도 및 무도관 사범과 관장 등 유청소년 운동 지도를 업으로 하는 모든 사람을 말한다. 따라서 스포츠 지도자의 생각과 태도는 유청소년들의 성장에 직간접적으로 많은 영향을 미친다고 할 수 있다.

성장기에 있는 유청소년들에게 운동은 가장 인기 있는 놀이이

자 배움의 과정이다. 조사 자료에 의하면, 10대의 약 63%가 학교 체육 이외의 생활체육에 참여할 만큼 그 운동 참여율은 매우 높다. 그러나 우리나라 입시 제도의 특성상 중고등학교에서의 신체 활동은 그리 많지 않다. 대부분 이 시기에는 입시와 학업에 집중할 수밖에 없으며, 본격적인 입시 공부가 시작되기 전인 유치원이나 초등학교 시기에 그나마 공부 이외의 취미나 소양 체험을 할 수 있기 때문이다.

배움은 인간과 인간의 상호 작용에서 이루어지는 것이다. 가르치는 사람과 배우는 사람이 주고받는 상호 작용이 학습 목표 도달이나 배움에 대한 만족에 엄청난 영향을 미칠 것이라는 사실 정도는 누구나 알고 있다. 특히 스포츠 분야는 지도자의 자질과 역할에 따라 배우는 사람의 학습과 교육에 직접적인 영향을 미친다. 그중에서도 또 특히 유청소년기의 스포츠에 대한 참여와 배움은 단순한 지식 습득뿐 아니라 끊임없는 스포츠 지도자와의 신체 활동을 통해 이루어지므로 교육자로서, 학습 지도자로서의 성품과 역량은 그들의 성장과 발달에 중요한 요인이 될 수밖에 없다.

스포츠 지도자들이 유청소년들을 효과적으로 돕기 위해서는 유청소년기의 본질은 물론 그 시기와 관련된 발달 과정을 이해하는 것이 중요하다. 유청소년기의 과정은 일반적인 패턴을 보이는 경우가 있으며, 최근에는 좀 더 빠른 시기에 격정적으로 나타나기도 한다. 코칭적 접근 방법은 유청소년들이 발달 여정에 순응하며 적응해나갈 수 있는 새로운 방법의 적용과 함께 이들이 스스로 자신의 긍정적 발전을 주도할 수 있도록 도움을 줄 수 있다.

코칭은 인간적이고 개인적인 이해를 초월하는 심리학적 원천을 기반으로 하고 있다. 더 나아가 학문적 기틀의 마련과 더불어 교육, 스포츠, 경영, 심리, 상담 등의 분야에서 그 효과성을 입증하면서 더욱 세분화되고 대상별, 이슈별 등 전방위적으로 활용되고 있다.

서울대학교 체육교육학과 최의창 교수는 유청소년들에게 스포츠를 지도하는 일이 이렇듯 다반사, 일상사로 이루어지고 있음에도 불구하고 이것을 제대로 체계적으로 실행하는 것과 관련된 전문적 지식 기반이 거의 없다는 점을 지적했다. 또한 그동안 대한민국이 이루어낸 스포츠 분야의 엄청난 성과는 유청소년 스포츠 코칭에 대한 과학적 연구나 지적 체계에 의한 것이라기보다는 열정과 성실, 그리고 아이들에 대한 사랑을 바탕으로 이루어진 오랜 동안의 시행착오의 산물이라고 했다.

유청소년들에게 스포츠를 가르치는 일에 대해 선진 외국들의 관심도 더욱 본격화되고 있는 추세다. 성인이 되었을 때의 건강과 행복 수준이 어렸을 때의 스포츠 활동 참여와 관련이 있다는 사실이 다양한 연구를 통해 증명되고 있다. 따라서 유청소년들이 스포츠 참여 습관을 기를 수 있도록 관련 분야의 리더들의 책임과 노력이 그 어느 때보다 절실하다 하겠다.

그러나 전인적 발달은 선수들이 스포츠 프로그램에 단순히 참여하는 것만으로는 달성되지 않는다. 그렇기 때문에 전인적 스포츠 교육이 효과적으로 이루어지기 위해서는 프로그램뿐만 아니라 무엇보다 가르치는 사람의 교육 패러다임이 중요한 것이다.

인간은 스스로 해답을 찾아갈 수 있다는 패러다임을 바탕으로 모든 사람은 창의적이며 스스로 문제점을 해결할 수 있는 충분한 자원을 가진 전인적 존재라고 믿는 것에서 코칭은 출발한다. 단지 운동기능을 가르치는 스포츠 지도자가 아니라 유청소년들이 어느 날 스스로 우뚝 설 수 있도록 도와주는 진정한 코치로 거듭난다면, 얼마나 가슴 벅차고 보람차겠는가!

숨은 능력을
끌어내는 코칭

    코칭의 핵심 요소는 주의력과 집중력으로 모든 것을 분명하게 파악하는 자각 능력이다. 옥스퍼드 사전은 '자각 능력'에 대해 '자신이 보고, 듣고, 느끼는 것을 주의 깊게 관찰하거나 해석하여 어떤 것을 알고 있음을 의미한다'고 정의하고 있다. 그런데 시각이나 청각이 좋을 수도 있고 나쁠 수도 있는 것처럼 자각 능력에도 분명 차이가 있다. 돋보기나 앰프를 이용하여 시각이나 청각의 한계를 기준 이상으로 올릴 수 있듯이 자각 능력도 주의 집중을 통해 상당 수준까지 끌어올릴 수 있다.

자각 능력이 높아지면 보통 사람들보다 더 분명하게 자각을 할 수 있다. 우리가 일상에서 보고 느낄 때 단순히 시청각만을 활용하는 것은 아니다. 자각 능력은 관련된 사실과 정보를 수집하고, 분명하게 인식하고, 판단하는 능력이다. 이는 시스템, 역학 관계, 일과 사람의 관계, 사람들의 심리를 이해하는 능력이다. 또한 여기에는 자아인식, 특히 감정이나 욕구가 자신의 인식을 언제, 어떻게 왜곡하는지 인지하는 능력도 포함된다.

신체적 기술을 개발할 때는 신체 감각에 대한 자각이 중요하다. 스포츠에서 개인의 신체적 효율성을 증대시키는 가장 효과적인 방법은 선수가 운동하는 중에 신체 감각을 자각하게 만드는 것이다. 스포츠 지도자들은 대부분 이런 사실을 알지 못하고 내부의 자각이 아닌 외부의 테크닉만을 강조한다. 운동 감각에 대한 자각이 동작에 집중되면 그 동작에 숨어 있던 불편함과 비효율성이 사라지고 '교과서적' 테크닉에 가까운 자연스럽고 효율적인 자세가 나오게 된다. 스포츠 코칭 교과서에 나오는 '일반적인' 신체가 아닌 그 선수 자체의 신체에 적합한 자세를 갖게 되는 것이다.

스포츠 지도자는 자신이 배운 방법 혹은 '교과서적' 방법을 보여준 후 그대로 따르라고 가르친다. 다시 말해서 자신의 방식을 가르침으로써 자신이 물려받은 지식을 다시 물려주는 셈이다. 어떤 일을 할 때 표준적이거나 '옳은' 방식을 따르면 처음에는 성과가 있지만 결국에는 개인의 장점과 특성이 억압되고, 그 개인의 삶은 가르치는 사람을 따르는 삶으로 전락하고 만다. 또한 가르치는 사람에 대한 의존성이 높아지면서 가르치는 사람은 권한에 대해 잘못된 생각을 갖게 되고 그만큼 자만하게 된다.

자각 능력을 높여주는 코칭은 개개인의 육체적, 정신적 특성을 드러나게 하고 돋보이게 하는 동시에 다른 사람의 처방이나 지시 없이도 스스로 발전할 수 있는 능력과 자신감을 길러준다. 올바른 코칭은 자신감과 책임감을 길러준다. 그러나 "여기에 도구들이 있으니 네가 스스로 해결책을 찾아봐"라고 말하는 것이 코칭은 아니다. 인간의 자각 능력 수준은 신체 감각에 비해 비교적 낮다. 주변의 도움 없이 자신의 능력만으로 해결해나가도록 내버려두면 우리는 나쁜 습관으로 굳어질 수 있는 불완전한 방법들을 개발하는 데 평생을 보낼 것이다. 그래서 최소한 지속적인 자기계발과 자기발견이 가능한 자기코칭 기술을 개발할 때까지 유능한 코치의 도움이 절대적으로 필요한 것이다.

어떤 자각 능력을 개발해야 하는지는 종사하는 분야에 따라 다르다. 각 활동은 신체의 각 부분과 맞물려 있다. 스포츠는 기본적으로 신체 활동이지만 일부는 시각적 요소가 강하다. 음악가에게는 고도의 청력이 요구된다. 조각가와 마술사에게는 섬세한 촉각이 요구된다. 기업가들에게는 주의력과 인식력이 요구된다. 다른 분야의 사람들에게는 또 다른 능력이 요구될 것이다. 처음에는 자각이라는 것이 어려워 보여도 간단한 연습과 적용을 통해, 그리고 코칭을 통해 단기간에 개발할 수 있다. 자각과 자아인식이란 쉽게 말해서 다음과 같은 것이다.

- **자각**awareness은 주변에서 일어나고 있는 일을 아는 것이다.
- **자아인식**self-awareness은 자신이 경험하고 있는 일을 아는 것이다.

코칭의 또 하나의 핵심 개념은 책임이다. 책임은 성과와 직결된다. 우리의 생각과 행동에 대한 책임을 진정으로 인식하고 받아들일 때 올바른 책임감이 생기고 성과도 높아진다. 반면 명령이나 지시에 의해 책임이 주어질 때는 당사자가 그 명령이나 지시를 전폭적으로 받아들이지 않는 한 좋은 성과는 기대할 수 없다. 물론 지시를 수행하긴 할 것이다. 수행하지 않는다면 불이익을 당할 수 있기 때문이다. 그러나 단지 불이익을 피하기 위해 하는 일의 성과는 최상일 수 없다. 스스로 선택할 수 있어야 진심으로 책임감을 느낀다.

자각과 책임은 성과를 결정짓는 핵심 요소다. 데이비드 헤머리 David Hemery는 《Sporting Excellence: What Makes a Champion?》을 저술하기 위해 20개 이상의 스포츠 분야에서 세계 최고의 선수 63명을 대상으로 연구를 진행했다. 분야별로 상당한 편차가 있기는 했지만 자각과 책임이 모든 스포츠에 공통적으로 나타난 가장 중요한 태도로 드러났다. 운동선수의 정신 자세 혹은 마음가짐이 모든 스포츠의 핵심적인 성과 요소였던 것이다.

헤머리는 이 연구를 위해 선수들에게 경기를 할 때 마음이 어느 정도 관계가 있는지 물었다. 그에 따르면 모두가 "크게" "전적으로" "마음이 곧 경기다", "경기는 마음으로 하는 것이다", "신체적 동작은 마음에서 시작된다"고 응답했다고 한다. 그들은 최소한 마음이 "신체만큼 중요하다"고 생각한 것이다. 지식과 경험은 운동 기술과 신체적 적합성에 해당될 것이다. 그러나 지식과 경험이 최고의 성과를 보장하지는 않는다. 많은 사람들이 그런 사실을 증명했다. 정말로 중요한 것은 승리하고자 하는 마음이다.

과거의 스포츠 지도자들은 운동 기술과 신체적 적합성만 강조했다. 일반적으로 마음이 중요한 것으로 인식되기는 했지만 그것은 타고나는 것이라 지도자는 마음에 대해서는 별로 도와줄 것이 없다고 생각했다. 그러나 그것은 잘못된 생각이었다. 스포츠 지도자들도 선수들의 마음에 영향을 미칠 수 있었고 실제로 영향을 미쳤지만 훈련 방법과 기술에 대한 집착으로 이를 인식하지 못하거나 부정적인 영향을 미쳤던 것이다.

　코치들은 선수들에게 무엇을 해야 하는지 지시함으로써 선수의 책임을 부정했고 자신의 생각을 강요함으로써 선수의 자각 능력을 말살했다. 기업의 관리자들처럼 스포츠 지도자들도 아직 타성을 버리지 못하고 있다. 그들은 선수의 성공에 한몫하지만 한계를 설정하는 데에도 일조한다. 문제는 아직도 그런 방식으로 그럴듯한 성과를 얻는다는 사실이다. 그래서 그들은 다른 방식으로 생각할 이유를 찾지 못하고 다른 방법으로 어떤 성과를 거둘 수 있는지도 알지 못한다.

　다행히 최근 몇 년 동안 스포츠계에 많은 변화가 있었고 대부분의 우수한 팀들이 스포츠 심리학자의 도움을 받아 선수들의 태도를 훈련시키고 있다. 평창 동계올림픽 여자 컬링 대표팀이 그 예다. 그러나 기존의 코칭 방법이 바뀌지 않는다면 스포츠 지도자들은 본의 아니게 심리학자들의 이러한 노력을 무용지물로 만들 것이다.

이상적인 마음가짐을 얻는 가장 좋은 방법은 일상적인 훈련을 통해 지속적으로 자각 능력과 책임감을 강화하는 것이다. 그러기 위해서는 코칭 방법의 전환이 요구된다. 지시나 지도 일변도에서 진실한 코칭으로 전환되어야 한다.

스포츠 지도자는 문제 해결자, 교사, 조언자, 강사, 전문가가 아니라 상담가, 퍼실리테이터facilitator, 즉 조력자 및 촉진자, 그리고 자각 능력 개발자가 되어야 한다. 이 책에서 말하는 코치의 역할이 그런 것이다.

2장

이너게임 vs. 아우터게임

이너게임

'이너게임'의 창시자인 티모시 골웨이는 교직 생활 중 안식년을 맞아 테니스 지도자를 하는 과정에서 새로운 학습과 훈련 방법을 발견했다. 그가 1974년에 저술한 《테니스의 이너게임》은 세계적인 베스트셀러가 되었으며, 이때부터 이너게임의 원리는 스포츠, 교육, 기업 경영, 의료 등 다양한 분야에 적용되기 시작했다.

이너게임의 원리는 이 책에서 말하고자 하는 스포츠 지도자들이 가져야 할 코칭의 원리를 잘 설명해준다. 그가 발견하고 체계화한 이너게임의 원리를 자세히 살펴보자.

테니스 코치인 골웨이는 한 선수의 스윙을 교정하다가 그만 지쳐버렸다. 잠시 쉬는 동안 문득 그의 머릿속에는 몇 가지 의문이 떠올랐다.

'도대체 배움은 어떻게 일어나는 것일까?'

'공을 칠 때 선수들의 머릿속에는 어떤 일이 일어나고 있을까?'

선수들의 머릿속에서도 대화가 일어나고 있을 것 같았다. 그것은 코치라는 외부의 대상과 나누는 것이 아니라 선수 내부에서 일어나는 자신과의 대화다. 선수의 머릿속에는 마치 코치가 명령하는 듯한 강력한 어떤 음성이 있을 것이라고 생각했다.

"라켓을 빨리 끌어당겨!"

"공을 향해 뛰어가!"

"팔로 스루를 어깨높이까지 해!"

공을 치고 나면 공을 친 솜씨와 선수에 대한 평가가 이어진다.

"최악의 샷이었어!"

"그렇게 터무니없는 백핸드를 하다니!"

골웨이는 생각했다.

'이런 대화가 정말 필요한 것일까?'

'이런 훈련 방식이 학습에 도움이 될까? 아니면 학습을 방해하고 있을까?

위대한 선수들에게 최고의 능력을 발휘한 순간에 무슨 생각을 하고 있었는지 물으면 그들의 대답은 모두 같다. 그 순간 아무 생각도 하지 않았으며, 마음은 평온하고 경기에 완전히 집중되어 있었다고 말한다. 그도 테니스 선수 시절에 그런 경험을 몇 번 했다고 한다. 그는 하버드대학교 재학 시 테니스 팀 주장이었다. 최고의 플레이를 하고 있을 때는 샷을 컨트롤하려는 머릿속 명령도, 플레이에 대한 평가도 없었다. 오직 플레이만 했던 기억이 남아 있다. 공을 끝까지 잘 지켜보고, 어디서 공을 칠 것인지 선택하고, 그렇게 되도록 내버려두었다. 그런데도 샷은 아주 순조로웠다. 즉, 컨트롤하려는 생각을 갖고 있지 않을 때 컨트롤이 가장 잘되었던 것이다.

골웨이는 코치가 선수의 움직임을 통제함으로써 오히려 선수 내부에서 불필요한 대화를 만들어내고, 그것이 그들의 타고난 능력을 발휘하는 데 장애로 작용한다는 것을 점차 인식하게 되었다. 통제당한 선수들은 위대한 스포츠 선수들이 말하는 평온하고 집중된 상태와는 전혀 다른 심리 상태에서 훈련을 하고 플레이를 하고 있었던 것이다.

내부에서 질문이 다시 이어졌다.

'도대체 이 내면의 대화는 누구와 누구의 대화인가?'

재미있는 점은, 명령하고 지시하는 것은 항상 한쪽이고 또 다른 한쪽은 듣기만 할 뿐 아무런 응답이 없다는 것이다. 골웨이는 지시하고 평가하는 쪽을 셀프 1$^{Self 1}$, 이야기를 듣는 쪽을 셀프 2$^{Self 2}$라고 각각 이름 지었다. 셀프 1은 모든 것을 알고 있으며, 실제로 공을 치는 셀프 2를 신뢰하지 않는다. 셀프 2를 신뢰하지 않기 때문에 셀프 2의 움직임을 하나부터 열까지 코치가 가르쳐준 대로 통제하려고 한다. 즉, 코치의 가르침이 선수의 셀프 2에게 내재화된 것이다. 셀프 1의 지나친 통제는 자신감을 약화하고 자연스러운 학습 프로세스가 일어나는 것을 방해하는 결과를 가져온다.

그렇다면 셀프 2는 누구일까? 정말 신뢰할 수 없는 존재일까? 골웨이는 셀프 2를 인간 그 자체, 즉 자신의 실체로 정의한다. 셀프 2는 천부적인 잠재 역량이다. 셀프 2의 잠재 역량 중에는 드러나는 것도 있고 죽을 때까지 드러나지 않는 것도 있다. 셀프 2의 잠재 역량 중에는 학습하고 성장하는 역량이 있는데, 이것은 다른 잠재 역량을 더욱 향상시키는 요소라는 점에서 역량

중의 역량이라고 말할 수 있다. 어린 시절 우리는 셀프 2로 살았다. 셀프 1이 조용히 있을 때, 그래서 셀프 2가 집중된 상태에서 공을 칠 수 있을 때 선수는 최고의 능력을 발휘한다.

셀프 1이 "라켓을 더 빨리 끌어당겨!"라는 모호한 명령을 내릴 때, 셀프 2는 훨씬 복잡하고 정밀한 행동을 수행한다. 포물선을 그리며 날아오는 공의 현재 위치를 측정하고 공의 속도, 바람, 그리고 상대방의 미세한 움직임까지 읽어낸다. 그리고 이 정보들을 종합하여 관련된 모든 근육에 정확한 명령을 내리고, 이 명령을 수행하도록 함으로써 공을 네트 반대편의 원하는 위치로 보낸다. 이래도 셀프 2가 셀프 1에게 길들여져야 하는 열등한 존재라고 생각하는가?

사실 신뢰할 수 없는 것은 셀프 1이다. 셀프 1은 일방적으로 셀프 2에게 지시하고 명령한다. 그리고 잘되면 자기 공이고, 안되면 셀프 2에게 모든 책임을 전가한다. 통제하고 비난하는 쪽이 통제와 비난을 받는 쪽보다 현명하지 않다는 사실은 매우 당혹스러운 일이다.

2 일방적인 티칭의 문제

비교적 단순한 동작인 공을 받아치는 행위를 생각해보자. 우선 선수는 날아오는 공의 이미지를 본다see: perceive. 그리고 적당한 위치로 이동하여 공을 치는 반응을 함으로써respond 동작의 결과result를 만든다. 인간 행동은 인식, 반응, 결과, 이 세 가지 요소의 연속으로 볼 수 있다.

그러나 실제로는 이렇게 간단하지가 않다. 인식과 반응 사이에는 데이터를 분석하는 등의 해석interpretation 과정이 있다. 또 결과가 만들어진 후에도 다음 행동이 일어나기 전까지 많은 생각이 일어난다. 이때 셀프 1은 행동의 각 단계마다 등장하여 평가와 비난의 소리를 퍼붓는다. 때때로 그 평가와 비난은 선수 자신의 인격에까지 확장되어 능력 발휘에 크나큰 영향을 미치기도 한다.

예를 들어, 자신의 미숙한 백핸드 실력을 자각하고 있는 선수를 보자. 백핸드 쪽으로 공이 날아오는 것을 본 순간, 그는 반사적으로 위축되고 체내에서는 아드레날린이 분출된다. 허공을 가르고 날아오는 것은 그에게 더 이상 공이 아니라 위협의 대상이다. 연습한 대로 뒤로 빠지면서 최선을 다해 라켓을 당기지만 이미 늦었다는 것을 깨닫는다. 자포자기의 심정으로 힘껏 라켓을 휘둘러보지만 공을 정확히 맞추지는 못한다. 빗맞은 공은 힘없이 공중으로 떠올라 상대가 받아치기 쉬운 방향으로 천천히 네트를 넘어간다. 셀프 1은 이 기회를 놓치지 않고 비난을 시작한다.

"오, 안 돼. 아니야!"

선수는 더욱 자신감을 잃고 백핸드에 대한 공포감은 점점 더 커진다. 자기방해 사이클의 악순환이 발생하는 것이다.

셀프 1은 동작 하나하나에 문제를 제기하고 지적한다. 자아 이미지에 대한 왜곡은 인식을 왜곡하고, 왜곡된 인식은 반응을 왜곡한다. 그리고 왜곡된 반응으로 인해 왜곡된 결과는 잘못된 자아 이미지를 더욱 강화한다.

위의 사례를 통해 골웨이는 결국 일방적인 '티칭' 방식의 지도는 선수로 하여금 스스로 자기방해의 악순환만 가중하게 된다고 주장했다. 결국 코치의 일방적인 지시, 명령의 지도 방식이 오히려 선수의 잠재력과 가능성을 위축시킨다는 것이다.

이너게임의
3요소

셀프 1의 방해 사이클을 부수는 방법은 무엇인가? 어느 날 골웨이는 기존의 레슨법이 선수의 행동, 즉 반응에만 초점을 맞추는 바람에 근본적인 문제인 선수의 인식은 왜곡되고 무시되고 있다는 사실을 깨달았다. 그 순간 문제는 간단히 해결되었다. 결국 문제는 인식에 있었다. 선수는 공을 위협으로 인식했고 이 왜곡된 인식이 여러 잘못된 행동의 원인이 되었다.

그렇다면 코칭을 통해 왜곡된 인식을 바로잡는다면 어떨까? 또 자신의 실력이나 행동을 스스로 평가하지 않고 단지 있는 그대로 관찰할 수 있다면 어떻게 될까? 이러한 의문을 탐구하는 과정에서 기존의 방법과는 전혀 다른, 아주 멋지고 새로운 학습 방법과 코칭 방법이 탄생했다. 그 방법의 핵심 원리는 ① 비非평가적 인지awareness, ② 셀프 2에 대한 신뢰trust, ③ 수행하는 사람에 의한 선택choice으로 요약된다.

비非평가적 인지

'바른 행동을 하고 그릇된 행동을 하지 않도록 하는' 지도 방식이 선수의 자연적인 학습을 방해하고 있음을 인식한 후, 골웨이는 선수들이 그런 지도 없이도 배울 수 있는 방법을 연구하기 시작했다. 우선 그는 선수들이 날아오는 공에 대해 보다 정확하게 인지하도록 도와주는 것부터 시작했다.

백핸드에 어려움이 있는 선수가 있다고 가정하자. 골웨이는 말한다.

"백핸드의 교정을 잠시 미루고 우선 날아오는 공을 관찰하는 데 집중해봅시다. 예를 들어, 라켓에 공이 맞는 순간 공이 상승 중이었는지 수평 비행 중이었는지, 또는 하강 중이었는지 관찰하는 겁니다. 나는 당신에게 무언가를 바꾸도록 요구하는 것이 아닙니다. 단지 무슨 일이 일어나고 있는지 잘 관찰하기를 원합니다."

"라켓에 맞는 순간 공이 상승하고 있었습니다."

"이번에는 수평이었습니다."

"이번 공은 최고점에서 떨어져 날아오는 중이었습니다."

선수의 말을 통해 그가 객관적인 관찰을 계속하고 있다는 것을 확인한다. 그 순간 그는 비평적인 심리 상태에 있지 않다. 초기에 골웨이는 평가하는 태도가 아닌, 비평가적 관찰 상태에서 하는 스윙이 종전의 스윙보다 기술적으로 한층 발전된 것임을 발견하고 크게 놀랐다고 한다. 라켓의 부자연스러운 움직임이나 어색한 풋워크도 없어졌다. 자연스럽게 앞으로 발을 내디뎌서 몸의 균형을 유지했다. 기술 지도가 전혀 없었음에도 이처럼 스윙에 많은 변화가 일어났다. 이 과정은 놀랍도록 자연스러웠기 때문에 대부분의 선수들은 자신에게 어떤 변화가 일어났는지 인식하지 못했다고 한다.

어떻게 이런 긍정적인 변화가 일어난 것일까? 셀프 1이 셀프 2를 방해하지 않자 셀프 2의 능력이 자연스럽게 흘러나온 것일까? 한 가지 분명한 것은 공을 위협적인 대상으로 보는 인식이 사라지자, 뒤로 물러서서 라켓을 자포자기 심정으로 내리치는 방어적인 동작 역시 사라졌다는 것이다. 대신 몸은 공의 움직임에 대해 자연스럽게 반응할 수 있게 되었다. 자신의 스트로크에 대해 코치가 비평할 의도가 없음을 감지하고 선수 스스로도 자신의 스트로크를 평가하려는 시도를 하지 않았으며, 이로써 셀프 1의 개입을 줄일 수 있었다.

중립적이면서도 핵심적인 변수, 예를 들면 속도, 위치, 높이 등에 집중한다면 기술 지도 없이도, 그리고 적은 노력으로도 지속적인 개선이 가능하다는 것을 알게 되었다. 골웨이는 이러한 자신의 경험을 통해 코치의 선수에 대한 첫 번째 책임은 비非평가적 입장에서 자연스러운 학습 환경을 만들어주는 것이며, 두 번째 책임은 경험을 통해 배울 수 있는 셀프 2의 역량을 신뢰하고 선수들이 집중할 수 있도록 돕는 것이라고 강조한다.

셀프 2에 대한 신뢰

새로운 방법을 도입하는 데에는 항상 의구심과 불안감이 따르기 마련인데, 이를 해소하지 못하면 새로운 변화는 대개 실패한다. 자연적 학습 프로세스가 효과를 거두기 위해서는 무엇보다도 코치와 선수 모두가 이 방법을 신뢰해야 한다.

코치는 선수의 문제점을 지적하고 지도하려는, 이미 조건화되어 있는 반응을 버려야 한다. 인지 능력이 향상될수록 학습의 효과는 커지고, 그 결과 스윙에 자연스러운 변화가 일어난다는 것을 코치나 선수 모두가 믿어야 한다. 코치가 학습의 선택권을 쥐고 그것을 통제 및 지시하려는 욕심을 잠재울수록 학습은 한결 자연스럽고 멋지게, 또 효과적으로 진행된다.

셀프 2를 신뢰한다는 것은 셀프 1에 의존하지 않는 것을 의미하는데, 이것이 마치 비행기의 조종간을 놓아버리는 것처럼 생각될 수도 있다. 그러나 사실 우리 내부의 비행기에는 우리가 알고 있는 것보다 훨씬 많은 시스템이 갖추어져 있다. 우수한 자동 시스템이 있는데도 힘겹게 조종을 하고 있었던 것이다. 코치와 학습자는 새로운 상황에 부딪힐 때마다 이 자동 시스템의 존재를 인정하고 잘 활용할 수 있어야 한다.

학습에 대한 최종적인 권한과 책임을 배우는 선수들에게 위와 같은 방법은 지금까지 일반적으로 조건화된 신념과 맞지 않는다. 그러나 이것이야말로 좀 더 나은 변화의 방향을 잡기 위해 무엇보다 중요한 원천이다.

수행하는 사람에 의한 선택

이너게임의 세 번째 원리는 선택과 몰입에 관한 것이다. 인지와 신뢰만으로는 부족하다. 원하는 결과가 있어야 한다. 선수가 아무리 순수한 상태에서 공을 관찰한다고 해도 공을 상대의 코트로 넘기겠다는 의지가 없으면 테니스 실력은 향상되지 않는다. 또 목표가 명확하지 않으면 인지의 대상도 흐려질 수밖에 없다. 따라서 원하는 결과, 즉 학습 목표의 중요성은 논란의 여지가 없다. 문제는 그 학습 목표를 누가 결정해야 하는지, 그 주체가 관건이다.

과거 기존의 레슨에서 중요한 선택은 모두 코치에게 위임되어 있었다. 선수가 레슨을 받겠다고 선택하는 순간 코치는 중요한 결정을 내리는 사람이 된다. 이것은 환자와 의사의 관계와 비슷하다.

'전문가는 나다. 내가 진료하고 처방을 내린다. 당신은 내가 말한 대로 하면 된다. 이 지시를 따르면 반드시 좋아질 것이다.'

그러나 내면에서 자연스럽게 학습이 일어나도록 이끄는 이너 게임에서는 선수 자신이 직접 선택하게 하고, 코치는 선수가 올바른 선택을 할 수 있도록 외적인 교육 환경을 조성해준다. 코치는 선수가 가고 싶어 하는 곳을 잘 알고 있어야 하며, 따라서 선수가 그곳에 갈 수 있도록 도와주는 역할을 하는 것이다. 예를 들어 "백핸드를 좀 더 확실히 할 수 있으면 좋겠습니다"라고 말하는 선수가 있으면 코치는 선수가 목표를 좀 더 명확하게 정의하도록 돕는다. 그 결과 선수는 "톱스핀이 걸린 10개의 백핸드 패싱샷을 모두 상대의 서비스 라인 근처에 떨어뜨리고 싶습니다"라는 식으로 구체화한다.

코치의 역할은 선수가 목표를 분명히 하도록 하는 것에 그치지 않는다. 목표 설정의 목적과 동기를 표면으로 끌어내 목표 달성으로 이어질 수 있도록 유도하는 것도 코치가 해야 할 일이다. 이는 목표를 자신이 선택했다는 점, 그리고 그 선택을 한 배경을 기억하도록 하는 것으로, 자연적 학습의 매우 중요한 과정이다. 선수는 자신이 스스로 학습을 통제하고 있다고 느낄 때 자신의 학습에 대해 책임감을 갖게 되며, 설정한 목표를 달성하기 위해 많은 노력을 하게 된다.

선수는 오히려 전통적인 지시와 통제 학습 방법에 심리적으로 저항하는 경향이 있다. 그러나 학습의 선택권을 갖게 되면 선수는 거의 저항하지 않는다. 자연계에서 모든 생물은 누군가가 자신의 영역을 침범하면 그것에 본능적으로 저항한다. 인간도 그렇다. 저항 행동은 때로는 직접적이고 때로는 간접적이지만 어떤 형태든 간에 목표 달성을 방해한다.

사람은 누구나 스스로 판단하고 행동하려는 근본적인 욕구가 있다. 그것을 제한하고 빼앗으면 신뢰는 무너진다. 어린아이들도 의사결정권을 빼앗으면 바로 반발한다. 그러나 반대로 자신이 결정을 내린 일에 대해서는 위험도 감수하게 된다. 이 점이 중요하다.

명령과 통제에 익숙해진 선수들은 선택의 자유가 주어질 때 종종 당황스러워한다. 그러나 자신이 어떤 것을 선택해도 코치가 그것에 대해 잘했다거나 잘못했다는 평가를 내리지 않는다는 것을 알게 되면, 의사결정자로서 자신의 입장을 수용하고 결정에 대해 책임지는 자세를 보이게 된다.

선수들은 스스로 선택해서 배운 것은 쉽게 잊어버리지 않는다. 학습하고 있는 것을 점점 이해해나감에 따라 자연스럽게 변화가 일어난다. 인지, 신뢰, 선택의 3요소는 서로 연관되어 있다. 그리고 세 요소를 모두 갖추었을 때 완전한 하나의 개체가 만들어진다.

지금까지 이너게임의 원리에 대해 살펴보았다. 골웨이가 말하는 인지, 신뢰, 선택, 이 세 가지 요소는 이너게임의 원리이기도 하지만 이 책에서 말하고자 하는 코칭의 핵심 요소이기도 하다. 이너게임은 '사람을 좀 더 효과적으로 변화시키는 방법'이라는 측면에서 코칭과 대동소이한 개념이다.

이 책을 읽고 있는 당신이 코칭에 대한 이해가 충분하다면 이너게임은 전혀 새로운 것이 아닐 것이다. 그러나 그렇지 않다면 '과연 그게 가능할까? 이론적으로는 가능하지만 실제로는 다르지 않을까?'라고 반문할 수도 있을 것이다. 분명한 것은 골웨이의 이너게임은 1974년에 소개되었으며, 45년이 지난 지금은 괄목할 만큼 성장하여 '코칭'이라는 이름으로 전 세계적으로 다양한 분야의 성과와 발전에 기여하고 있다는 사실이다.

코칭은 이제 스포츠 분야에서만 사용하는 개념이나 용어가 아니다. 스포츠 지도자들이 코칭에 대한 고정관념을 극복하고 근본 철학과 기술의 습득을 통해 스포츠 코칭에 대한 개념을 재정립할 때 스포츠 교육의 새 지평이 열릴 것이다.

아우터게임

이너게임의 목표는 자신의 역량을 발휘하는 데 방해가 되는 내적 요소를 최대한 억제하는 것이다. 이에 반해 아우터게임은 외부에 존재하는 목표물을 얻기 위해 외부의 장애물을 돌파하는 것이다. 이 두 게임이 일어나는 장소는 다르지만 서로 연관되어 있다. 외부로부터의 도전이 강력할수록 내적 방해를 더욱 낮추어야 한다. 사람이 어떤 곳에서 어떤 일을 하든, 그리고 능력이 어떻든 간에 거기에는 언제나 이너게임과 아우터게임이 병존한다. 우리는 두 게임을 함께 함으로써 진보한다. 이는 사람의 두 다리와 비슷하다. 두 다리의 길이가 같아야 걷기가 쉽다.

그런데도 우리는 그동안 아우터게임에서 이기는 방법에만 열중해왔으며, 외부 세계를 변화시키는 데에만 힘써왔다. 스포츠 지도자들은 그동안 과학, 기술, 그리고 최근 급증하는 정보를 활용하여 아우터게임 쪽의 다리만 상대적으로 길게 만들었다. 그래서 이너게임에 관한 이해와 활용은 아우터게임만큼 발전하지 못했다.

앞으로도 이너게임과 아우터게임이 균형적으로 발전하지 못하고 계속해서 아우터게임의 기술만 진보한다면 스포츠계의 미래는 결코 밝지 못할 것이다. 이제 스포츠 지도자들은 이너게임의 기본 스킬을 배워야 한다.

'코칭'을 이너게임이라 한다면 '티칭'은 아우터게임이라 할 수 있다. 위대한 티칭 역시 다른 것들과 마찬가지로 일종의 스킬이다. 그저 마술을 부리는 것처럼 보이지만 실제로 위대한 티칭은 여러 가지 스킬의 조합이다. 이너게임과 아우터게임의 이상적인 조합을 위해 '티칭'도 간과할 수는 없는 문제다.

2000년대 초반, 코칭 도입 초기에 코칭은 한마디로 '질문을 통해 대상자의 성장과 발전을 지원하는 기술'로 정의되며 기업들의 엄청난 관심을 받았다. 상사가 던진 질문을 통해 부하는 현재 상황과 목표 지점 사이의 간극을 스스로 돌아보게 된다. 그리고 그 간극을 메우려면 무엇을 해야 하는지 부하의 이야기에 귀를 기울이며 그의 내부에 있는 답을 끌어내는 방법이다. 상사가 일방적으로 대답해주는 방법이 아니다. 코칭이 도입되기 전에는 상사가 부하에게 일방적으로 가르치는 '티칭'이 현장 지도의 주류였다.

코칭처럼 '스스로의 힘으로 깨닫는 방법'이 나왔다는 것 자체는 전혀 나쁜 것이 아니다. 일방적인 가르침만으로는 부하를 효과적으로 육성하기 어렵기 때문이다. 코칭은 잘만 활용한다면 굉장한 위력을 발휘한다. 다만 코칭이 기업을 중심으로 소개되고 확산되는 방식에 문제가 있었다. 화려한 등장 때문인지 '코칭이야말로 최고의 부하 육성 방법이며, 티칭은 시대에 뒤떨어졌다'는 극단적 이항 대립으로 잘못된 이미지가 퍼진 것이다. 그 결과 '코칭 신화', '깨달음의 신화'가 확산되었다.

'코칭하는, 즉 깨닫게 하는 것은 좋고, 티칭하는, 즉 지적하고 가르치는 것은 나쁘다.'

'부하가 말하는 것은 좋고, 상사가 떠드는 것은 나쁘다.'

'상사는 부하를 가르치려 들면 안 된다. 정보 제공도 바람직하

지 않다.'

따라서 가르치지 않는 상사, 이야기하지 않는 상사, 아무 정보도 가르침도 주지 않고 무턱대고 깨닫게만 하려는 상사가 늘어났다. 이처럼 한쪽으로 치우친 방식으로는 당연히 무엇이 됐든 잘될 리가 없다.

결론부터 말하자면, 스포츠 지도자들에게도 티칭이 좋을 때도 있고 코칭이 좋을 때도 있다. 예를 들어 경험이 전혀 없는 초보자에게 "자네는 어떻게 하면 실력이 향상될 것이라고 생각하나?"라며 질문해봤자 자기 안에 훈련 방법에 대한 기준이 아무것도 없는 상태이니 대답할 도리가 없다. 이럴 때는 티칭이 중요하다. 또 상대가 아무리 베테랑이어도 자신의 실수를 전혀 깨닫지 못하고 있다면 코치나 감독이 분명하게 지적해주어야 한다.

부디 스포츠계에서는 '코칭' 도입 과정에서 기업들이 경험했던 그러한 시행착오가 되풀이되지 않길 바란다. '코칭하는 것은 좋고, 티칭하는 것은 나쁘다'는 식의 극단적 이항 대립은 위험한 발상이다.

5 성장을 촉진하는 아우터게임 '피드백'

'피드백feedback'은 어떤 행위의 결과가 최초의 목적에 부합되는 지를 확인하고 그 정보를 행위의 원천이 되는 것에 되돌려 보내 적절한 상태가 되도록 수정을 가하는 것을 말한다. 특히 스포츠를 비롯한 전문 분야에서는 피드백을 받기 위해 적극적으로 노력해야 한다. 성장하려면 무엇이 잘못인지, 무엇이 잘한 것인지를 알아야 하는 것이다.

시로타 컨설팅Sirota Consulting LLC 그룹의 설립자인 데이비드 시로타David Sirota, 루이스 미쉬킨트Louis A. Mischkind, 마이클 멜처Michael I. Meltzer가 공동으로 조사한 자료에 의하면, 본인이 일을 어느 정도 잘 이해하고 있는지에 대해 충분히 피드백을 받고 있다고 대답한 사람은 53%에 불과했다. 마찬가지로 51%만이 자신이 받는 인정에 만족하고 있다고 대답했다. 흥미로운 것은 근로자들의 38%가 "좋은 성과를 낼 때 칭찬받는 속도보다 나쁜 성과를 낼 때 비난받는 속도가 더 빠르다"는 말에 동의했다는 점이다.

제인 웨스트버그Jane Westberg와 힐리어드 제이슨Hilliard Jason은《반성적 사고와 피드백: 성찰하는 의료인을 위한 교육Fostering Reflection and Providing Feedback: Helping Others Learn from Experience》을 통해 의대 교수들의 교수법과 피드백의 문제점을 날카롭게 지적하고 있다.

"의과 대학의 교육 방식에서 피드백은 학습의 핵심임에도 불구하고 의료 전문가를 양성하는 많은 학교에서 학습자들은 충분한 피드백을 받지 못하고 있는 실정이다(교수진의 79%가 임상실습 과정 동안 학습자들에게 피드백을 포함하여 평가한다고 했으나 학습자들은 46%만 피드백이 포함된다고 응답했다)."

이처럼 다양한 분야에서 많은 리더들과 구성원들이 피드백을 주고받는 문제로 적잖이 곤란을 겪고 있는 것은 참으로 안타까운 일이다.

피드백이란 흔히 반응, 의견, 감상 등으로 해석되기도 하며,

정보information와 자료data라는 용어를 피드백이라는 의미로 사용하기도 한다. 그러나 제공되는 정보나 자료가 변화시키고자 하는 행동이 어떤 것인지 구체적으로 알려주지 않는다면 그것은 피드백이라 할 수 없다. 예를 들어, 사람들에게 혈당치가 200이라고 하면 "좋은 건가요? 너무 높은 건가요?" 하고 반응할 수 있다. 이러한 반응을 보이는 사람들은 혈당치와 식습관의 관계를 인식하지 못하는 것으로, 혈당치는 알고 있지만 식습관을 바꾸지는 않을 것이다.

피드백은 적어도 그 정보가 두 가지 기능을 해야 한다. 첫째, 목표에 비해 상대적으로 어디쯤 와 있는지 알려주어야 한다. 둘째, 향상이나 개선을 위해 무엇을 해야 할지 알려주어야 한다.

피드백은 이제 스포츠 지도뿐만 아니라 일상생활 속의 자연스러운 한 부분이다. 너무 자연스럽기 때문에 잘 느끼지 못할 정도다. 피드백이 없으면 걷기, 말하기, 쓰기, 자전거 타기, 운전하기, 컴퓨터 다루기 등과 같은 학습을 할 수 없다. 즉, 피드백은 학습에서 필수적인 요소라 할 수 있다.

피드백의 부족이 수행력을 저하시키는 주요 원인인데도 충분한 피드백을 주는 조직은 극소수에 한한다. 피드백이라 여겨지는 것들 중 많은 것이 단지 정보에 지나지 않는 경우가 많다. 피드백이 단순한 정보만이 아니기 때문에 서로 다른 종류의 직무에 대해서는 피드백도 그 종류가 달라질 수밖에 없다. 혈당치는 당뇨 환자에게는 피드백이 될 수 있지만 정상적인 사람에게는 그저 단순한 정보나 자료밖에 되지 않는다. 요컨대 정보나 자료가 피드백이 될 수 있는 것은 그것이 어떤 행동을 변화시켜야 하는지를 알려줄 때만 가능하다.

수년간 조직의 피드백 시스템을 설계했던 길버트Gilbert는 산업, 기업, 학교에서의 경험에 비추어 봤을 때 피드백의 제공을 통해 보통 50%의 변화, 심지어 여섯 배의 향상을 가져왔다고 말한다.

스포츠 지도자들은 수행 부족의 원인이 종종 피드백의 부족이나 부재에 있다는 점을 간과한다. 선수나 회원들 중에서 어떤 사람이 동기부여가 되지 않고 게으르며 훈련이 더 필요하다고 할 때, 그 문제는 대부분 피드백 부족인 경우가 많다.

현재 피드백은 스포츠, 예능, 학교 등에서 널리 사용되고 있다. 밴 휴튼Van Houten은 학문적 수행에 대한 피드백의 효과를 증명하고 설명했다. 그는 피드백을 정확히 사용한 결과 손글씨, 수학, 철자, 어휘, 읽기, 경청이 상당히 향상될 수 있다는 사실을 발견했다. 이러한 연구는 국내 논문들에서도 쉽게 찾아볼 수 있다.

주디 고마키(Judi komaki)와 바넷(F. Barnett)은 소년 미식축구 리그팀이라는 독특한 상황에서 피드백 효과를 연구했다. 경기 수행력을 향상시키기 위해 팀 구성원 개개인의 구체적이고 바람직한 행동들을 분석하고 선수들에게 피드백을 주었다. 참여한 소년들은 센터와 쿼터백, 풀백과 좌우의 하프백의 후위 공격 위치에 있던 아이들로 9~10세의 소년 다섯 명이었다. 소년들이 스스로 수행한 세 가지 다른 종류의 경기 내용을 주의 깊게 분석하면서 각 플레이에 필요한 모든 행동을 상세하게 기록했으며, 더불어 세 가지 중 하나의 경기 내용에 대한 구체적으로 정의된 행동(핀포인트)이 제시되었다.

피드백은 다음과 같은 방법으로 전달했다. 연습경기 동안 각각 선택된 플레이를 한 후 선수들은 코치에게 달려가 즉시 체크리스트를 보았다. 선수들은 한눈에 무엇을 올바르게 했는지, 어떤 실수를 했는지를 알 수 있었다. 코치는 잘된 것을 칭찬하고 잘못된 점을 어떻게 고쳐야 하는지 말해주었다. 체크리스트를 사용하기 전에는 경기가 끝난 후 코치가 했던 일이라곤 선수들에게 실수를 야단치는 일밖에 없었다.

결과는 엄청났다. 세 경기 각각에 대한 수행이 이전 수준보다 열 배나 더 좋아진 것이다. 이전에 84개 플레이를 시도한 것 중 2개만이 완벽한 수행이었던 것에 비해, 89개의 플레이 시도 중 22개를 완벽하게 수행했다. 쿼터백 선수들의 향상은 특히 주목할 만했다. 피드백이 없을 때에는 23개 중 5개 정도만 올바른 결정을 내렸던 반면, 피드백을 받을 때에는 40개 중 26개를 정확하게 했다. 또한 피드백을 받기 전에는 쿼터백 블록을 25번의 시도 중 한 번도 성공하지 못했던 반면, 피드백이 있는 동안에는 30번의 시도 중 22번을 정확하게 했다.

의학에서 응용되는 피드백은 바이오피드백biofeedback(생리적 기능에 대한 실시간 자료가 환자에게 제공되는 과정)이라고 부른다. 바이오피드백에서 사용되는 전형적인 측정은 심박 수, 혈압, 피부 온도와 근육 긴장도다. 이를 통해 사람들은 전에는 약 없이는 통제할 수 없다고 여겨졌던 여러 기능들을 배우고 있다.

환자에게 주어지는 피드백이 늘어남에 따라 의학계와 개인에게 주어지는 이익은 엄청나다. 최근까지 의사는 환자 상태에 대해 일반적인 말로 환자에게 알려주었다. 그러나 지금은 의사가 전하는 가장 좋은 정보는 환자 스스로 자신을 관찰하는 것이다. 심박 수 모니터, 자동 혈압 측정 장치 등과 같은 자기관찰 보조 제품들의 판매가 성황을 이루고 있다.

피드백이 삶의 모든 면에서 중요하다는 것을 보여주는 예는 얼마든지 찾을 수 있다. 피드백에 대한 필요성은 앞으로도 계속 절실해질 것이다.

피드백은 사람들이 최소한의 비용으로 수행력을 향상시키려 할 때 사용할 수 있는 가장 쉬운 방법이다. 그런데 많은 사람들이 수행 문제의 해결책으로 피드백을 사용하지 않는 이유는, 과거에 피드백을 사용해보았지만 효과가 없었기 때문이다. 이 실패에는 두 가지 이유가 있다. 하나는 단순한 정보와 자료를 피드백과 구분하지 못하는 것이다. 다른 하나는 피드백이 가장 효과적일 수 있는 조건을 이해하지 못하는 것이다.

필자는 수행 피드백에 관한 연구의 포괄적인 고찰에서 다음과 같이 결론을 내렸다.

- 피드백 하나만으로는 수행력을 계속해서 향상시키지 못한다.
- 피드백에 보상과 목표 설정 과정을 추가로 실시하면 효과의 일관성을 향상시킬 수 있다.
- 피드백의 일부 특성은 다른 특성보다 수행력 향상과 더 일관성 있게 관련되어 있다.

그래프를 벽에 붙이거나 어떤 변인에 대한 수행력을 그래프화한다고 향상이 보장되지는 않는다. 수많은 기준이 피드백의 효과성 유무를 결정하는데 그 기준을 감안하여 피드백 시스템을 설계했을 때 그에 따르는 수행력 향상은 경험 많은 스포츠 지도자조차 놀랄 만한 것이다.

스포츠 지도자는 지속적으로 선수나 회원들을 발전시키려면 피드백을 활용해야 한다. 피드백을 주는 기술뿐만 아니라 현명하게 받아들이는 기술도 익혀야 한다. 피드백은 처벌의 형태가 아니다. 다른 사람이 건강하게 성장할 수 있도록 영양분을 공급하는 일이다. 그런 면에서 피드백에 대해 몇 가지 유의해야 할 점을 소개한다.

· 피드백이 반드시 부정적일 필요는 없다.

· 피드백은 일방적인 독백이 아니다.

· 피드백은 잘못을 비난하는 기회가 아니다.

· 피드백은 자신의 주장을 펼치는 것이 아니다.

　스포츠 지도 과정에서 피드백을 주고받는 일은 선수나 회원들을 관리하고 동료와 상호 작용을 하는 데 매우 중요한 부분이다. 피드백은 행동과 프로세스 또는 결과에 대한 다른 사람들의 반응을 통해 긍정적 변화를 촉진하고 자기인식 능력을 높여준다. 인간 행동을 연구하면서 심리학자들은 피드백이 높은 수준의 수행력을 지속시키기 위해 가장 필요한 것 중 하나라는 사실을 오래전에 발견했다.

　다음은 컬럼비아대학교 교수였던 퍼디낸드 퍼니스Ferdinand F. Fournies의 《리더를 위한 코칭 스킬Coaching Skills for Leaders》에 나오는 피드백과 관련된 재미있는 사례다.

　볼링장에서 게임을 시작할 준비를 하고 있는 당신 모습을 떠올려보라. 그런데 당신이 공을 던질 때마다 핀 위의 전등이 꺼지는 상황이 발생하고 있다. 당신은 핀들이 쓰러지는 소리를 듣지만 얼마나 많은 핀이 쓰러졌는지는 볼 수가 없다. 주변을 둘러보지만 아무것도 보이지 않자 당신은 소리친다.

"이봐요, 핀 위의 불이 꺼져 있어서 내가 어떤 핀들을 쓰러뜨렸는지 볼 수가 없어요."

핀이 있는 곳 근처에서 "핀이 2개 서 있습니다" 라는 응답이 돌아온다. 당신은 "어느 핀이 2개 서 있습니까?" 라고 묻지만 잘 모르겠다는 대답뿐이다. 선택의 여지가 없는 당신은 볼 수 없는 핀들을 향해 다시 공을 던지지만 핀이 쓰러지는 소리를 듣지 못한다. 잠시 후에 불이 들어오고 당신은 핀들이 하나도 쓰러지지 않은 것을 보게 된다. 당신은 "차라리 잘됐군" 하고 두 번째 프레임을 칠 준비를 한다. 당신이 공을 던지자 핀 위에 있는 전등이 다시 꺼진다. 화가 난 당신은 소리친다.

"이봐요, 전등을 켜든지 아니면 내게 상황이 어떻게 되었는지 말해주겠어요?"

당신이 이런 상황에서 2시간 동안 볼링을 계속 친다고 가정해 보자. 아무리 선수라 할지라도 그리 좋은 결과가 나오진 않을 것이다. 그 이유는 당신이 피드백을 얻을 수 없기 때문이다. 당신은 자신의 행동 하나하나의 결과를 볼 수 없기 때문에 자신의 수행을 효과적으로 교정할 수 없었던 것이다.

선수들이나 회원들이 지도자가 불만족스러워하는 수행을 계속하는 주요 원인은 그들이 하고 있는 일에 대해 주어지는 피드백이 부족하기 때문이다. 업무에서도 수행 문제의 약 50%가량이 피드백의 부족 때문이라고 추정되고 있다. 배우는 사람들은 자신들이 현재 하고 있는 일을 얼마나 잘하는지 혹은 못하는지를 모른다.

피드백은 스포츠 분야뿐만 아니라 의료와 비즈니스 분야에서도 매우 중요한 요소로 인식되고 있다. 관찰을 통한 지속적인 피드백은 학습과 성장에 가장 중요한 요소라 할 수 있다. 필자는 피드백을 '탁월하게 만드는 힘'이라고 정의하고 싶다. 피드백은 지적, 비판, 책임 추궁과는 전혀 다른 차원의 이야기다. 제대로 된 피드백은 아우터게임의 성공 요인이 된다. 제5장 '코칭 스킬 훈련'에서 소개하는 피드백 스킬 훈련을 통해 당신의 피드백을 연마하라.

3장

우리의 건강은 결국 우리의 몸 안에 어떤 것을 넣느냐에 달려 있다.
―몽테뉴

최고의 에너지 관리자
'코치'

감정 상태가
성과를 관리한다

스포츠 지도자라면 선수의 운동기능뿐 아니라 감정 상태도 성과에 중대한 영향을 미친다는 것쯤은 잘 알고 있을 것이다. 그런데 '감정 상태emotional state'라는 말을 자주 쓰긴 하지만 실제로 자신이 어떤 감정 상태에 빠져 있는지, 그 감정 상태가 자신과 타인에게 어떤 영향을 미치는지 제대로 파악하는 스포츠 지도자들은 드물다.

필자가 만나본 스포츠 지도자들 중에도 자신의 감정 상태를 정확히 파악하고 다른 사람들의 감정을 배려해주는 사람은 많지 않았다. 지도자나 선수들이 복잡하고 혼란스러운 감정 상태에 머물러 있으면 타인에게 많은 부정적인 영향을 미치게 된다.

우리가 인식하든 인식하지 못하든 간에 이렇게 나의 감정 상태는 주변 사람들에게 크나큰 영향을 미친다. 나의 감정 상태를 보다 명확하게 파악할수록 나의 행동에 더 많은 통제력을 발휘할 수 있다. 그리고 통제력이 높아질수록 좀 더 긍정적인 인간관계를 구축하고 업무 효율성도 높일 수 있다.

[그림 3-1] 감정사분면

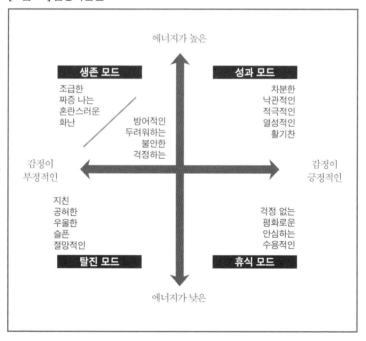

운동 성과와 관련하여 감정 상태는 기본적으로 네 가지로 나뉜다. 토니 슈워츠Tony Schwarz, 캐서린 맥카시Catherine McCarthy, 진 고메스Jean Gomes는 《무엇이 우리의 성과를 방해하는가The We're Working isn't Working》라는 책을 통해 감정 상태를 [그림 3-1]과 같이 사분면으로 나누어 설명하고 있다.

[그림 3-1]의 감정사분면은 네 가지의 감정 상태를 시각적으로 분명하게 보여준다. 수직축은 감정 에너지의 양을, 수평축은 질을 의미한다. 에너지의 질과 양을 기준으로 감정 상태는 총 네 가지 모드를 형성한다. 경계선상에 애매모호하게 걸쳐 있는 상태도 존재하기는 하지만, 어느 정도 분명히 존재한다.

당신이 어떤 일에 완전히 집중하고 있을 때를 떠올려보자. 그럴 때 어떤 느낌이 드는가? 그 느낌을 어떤 단어로 표현할 수 있겠는가? 가능하다면 종이에 한번 적어보라. 그리고 그 표현들 사이에 어떤 공통점이 있는지 생각해보라. 슈워츠 등은 운동선수들을 비롯한 다양한 분야의 수많은 사람들에게 오랜 시간에 걸쳐 이 질문을 던져보았다. 이렇게 해서 얻은 가장 대표적인 표현들이 바로 [그림 3-1]의 오른쪽 위에 열거되어 있는 성과 모드에 해당하는 단어들이다.

운동 경기를 하든, 심장이식 수술을 하든, 중요한 시험을 보든, 무엇을 하든 성과 모드Performance Zone에 있을 때 최고의 능력을 발휘한다. 긍정적인 감정 상태에서 최고의 실력을 펼칠 수 있다는 것은 사실 당연한 이야기다. 누구나 한 번쯤은 성과 모드를 경험해보았을 것이다.

그렇다면 성과 모드를 벗어나면 자신의 능력을 제대로 발휘할 수 없는 것일까? 감정사분면을 다시 한 번 살펴보자. 성과 모드 이외에 다른 3개의 구역이 있다. 그중에서 휴식 모드에 있을 때 사람들은 걱정이 없고 평화롭고 편안하며, 고요한 느낌을 가질 수 있다. 그러나 이들의 연구 결과에 의하면 성과 모드에서 벗어나면 휴식 모드가 된다고 대답한 사람은 소수에 불과했다.

감정사분면의 왼쪽에 있는 2개의 사분면은 부정적인 감정 상태를 나타낸다. 연구 결과, 조사 대상자들 중 많은 사람들이 성과 모드를 벗어나면 탈진 모드로 들어가게 된다고 답했다. 탈진 모드에서 계속 머무는 사람은 없지만, 일단 탈진 모드로 들어가면 무엇을 하든 효율성은 최저로 떨어진다. 만약 당신이 지금 여기에 머물러 있다면 조만간 성과에 문제가 발생할 것이다.

성과 모드를 벗어난 사람들이 탈진 모드 다음으로 많이 머물게 되는 감정 상태가 생존 모드다. 생존 모드에 떨어질 때 나타나는 대표적인 감정은 분노, 공포, 혼란, 조바심 등이다. 특히 선수들이나 스포츠 지도자들은 이런 감정을 자주 느낀다. 부정적인 감정들이 쌓이면 폭력적인 말이나 행동으로 분출된다.

그런데 많은 스포츠 지도자들이 탈진 모드와는 달리 생존 모드에 대해서는 크게 거부감을 드러내지 않는다. 그들은 부정적인 감정의 폐해에 대해 잘 알고 있으면서도 목표 달성을 위해 이 감정에 크게 의존하는 것이다. 물론 일부러 생존 모드에 돌입하는 사람은 없다. 하지만 성적이 저조하거나 경기력이 향상되지 않을 때 지도자들은 무의식적이고 본능적으로 생존 모드로 떨어지게 된다.

심리학 관점에서 볼 때 생존 모드는 '투쟁-도주 반응fight-or-flight response'에 해당한다. 투쟁-도주 반응이란 1929년 하버드대학교 의대 생리학과장인 월터 캐넌Walter Cannon이 다윈의 '경보 반응'을 설명하기 위해 만든 표현으로, 생존을 위해 사람들에게 가해지는 신체적 외상이나 스트레스에 대한 원시적이면서도 자연스러운 반응을 말한다.

이 반응은 중간뇌midbrain 속 아몬드 모양의 편도체amygdala에서 촉발한다. 신경학자인 조셉 르두Joseph Ledoux는 이 편도체를 '공포 중추fear central'라고 불렀다. 아몬드 모양의 편도체는 교감신경계를 자극하여 아드레날린, 노르아드레날린, 코르티솔과 같은 스트레스 호르몬을 분비하는 역할을 하는데, 이 호르몬들은 심박수를 높이고 시야를 좁게 만들며 근육을 수축시키고 혈류의 흐름을 두뇌로부터 멀어지게 한다.

생리학 차원에서 보면 우리 몸에서는 2개의 자아가 경쟁하고 있다. 여기서 2개의 자아란 몸을 차분하게 가라앉히는 부교감신경계와 자극하고 흥분시키는 교감신경계를 말한다. 만약 이성적인 자아라고 할 수 있는 부교감신경계가 주도권을 잡고 있으면 전전두피질prefrontal cortex이 지휘를 맡는다. 전전두피질은 학습과 계발을 관장한다. 이 상태에서 사람들은 이익과 손실을 이성적으로 판단함으로써 선택을 내린다.

반면 충동적인 자아라고 할 수 있는 교감신경계가 주도권을 잡으면 감성, 충동, 본능, 습관을 관장하는 대뇌변연계limbic system가 지휘권을 장악한다. 이때 몸은 의식적인 통제를 벗어나 본능적이고 반사적으로 움직인다. 이 상태에서는 외부의 위협으로부터 자신의 생명을 지키기 위한 유전적인 본능이 강화되고 이

성적인 사고 능력은 약화된다. 이것이 바로 생존 모드에 있을 때 우리 몸의 반응이다.

외부의 위협에 즉각적으로 대처하는 이러한 본능은 아주 오래 전 인류의 생존을 위해 가장 중요한 능력이었다. 그런데 문제는 이와 같은 동물적인 본능이 아직도 우리 뇌에서 기득권을 주장하고 있다는 사실이다. 인간의 두뇌는 생명을 위협하는 중대한 위험과 그렇지 않은 사소한 위험을 잘 구분하지 못한다. 즉, 스포츠 지도자와 훈련생 간의 관계에서 발생하는 마찰, 비현실적인 목표, 과도한 훈련, 폭언과 같은 문제와 맹수로부터 받는 위협을 비슷한 수준으로 인식하는 것이다. 그렇기 때문에 본능적인 투쟁-도주 반응이 오늘날 우리 자신에게 도움이 되기보다는 다음과 같은 부정적인 영향을 준다.

첫째, 건강에 악영향을 미친다. 외부의 위협을 느낄 때 나오는 스트레스 호르몬의 일종인 코르티솔은 지방과 탄수화물을 분해하여 포도당 수치를 높이고 에너지를 공급하는 중요한 기능을 담당하고 있다. 그러나 코르티솔은 장기간 기억을 담당하는 해마hippocampus를 손상시킨다. 그리고 정상적인 T-세포 생산을 방해하여 면역력을 떨어뜨린다.

둘째, 전전두피질의 활동을 위축시킨다. 교감신경계가 활성화될 때 전전두피질의 기능은 대부분 멈춰버린다. 이러한 생리적 메커니즘에는 그럴 만한 이유가 있다. 이성적인 사고는 신체의 반응 속도를 떨어뜨려 우리의 생명이 위협받는 순간에 제대로 대응하지 못하도록 방해하기 때문이다. 전전두피질이 즉각적인 위협을 인식하고 반응하기까지는 2초 정도의 시간이 걸리지만 편도체는 0.02초 만에 반응한다.

그런데 여기서 문제는 지극히 일상적이고 사소한 위협에도 우리 몸이 맹수들의 위협에 대처하듯이 반응한다는 것이다. 일단 투쟁-도주 반응이 시작되면 우리의 두뇌는 합리적, 창조적, 전략적 사고 능력과 장기적이고 거시적으로 생각하는 능력이 심각하게 위축된다. 외부를 바라보는 시야도 즉각적인 위협에만 대처할 수 있을 만큼 좁아진다. 그리고 분노와 공포의 감정이 증폭된다.

더 큰 문제는 편도체가 장시간 활성 상태에 머물러 있을 때, 다시 말해서 긴장 상태가 지나치게 오랫동안 유지될 때, 실질적인 위험이 사라진 후에도 우리 몸에서 투쟁-도주 반응이 계속된다는 것이다. 공포 감정이 조직에 미치는 악영향에 대해 연구한 에드워즈 데밍W. Edwards Deming은 그 감정이 엄청난 파괴를 가져온다고 했으며,《EQ 감성지능Emotional Intelligence》의 저자 다니엘 골먼Daniel Goleman 역시 공포심이 강해질수록 두뇌 활동이 심각하게 저하되고 이성적인 판단이 흐려진다고 지적했다.

스포츠 지도자라면 반드시 감정사분면에 대해 명확하게 이해하고 있어야 한다. 특히 엘리트 스포츠 지도자라면 더욱 그렇다. 이러한 감정사분면의 특성과 성과의 상관관계를 이해하지 못하고 선수들을 공포와 두려움 속으로 몰아넣는 스포츠 지도자가 있다면, 그는 이미 지도자로서 자격을 상실한 사람이다.

생존 모드가 불러온
최악의 상황

투쟁-도주 반응의 세 번째 부정적인 면은 주변 사람들에게 나쁜 영향을 끼친다는 것이다. 지금까지 많은 연구 결과가 긍정적이든 부정적이든 감정은 전파력이 강한 에너지라는 사실을 입증하고 있다.

슈워츠 등은 조사 대상자들에게 존경할 만한 사람의 특성을 묘사해달라고 요청했다. 평소에 존경하는 사람이 있는가? 존경한다면 그 사람은 어떤 특성을 가지고 있는가? 그리고 그 특성을 묘사할 수 있는 다양한 단어들을 나열해보았다. 그중 가장 대표적인 특징들은 다음과 같았다.

- ·용기를 북돋우는

- ·영감을 불어넣는

- ·자상한

- ·긍정적인

- ·차분한

- ·똑똑한

- ·비전을 제시하는

- ·다른 사람들을 도와주는

- ·결단력 있는

- ·공정한

보는 바와 같이 부정적인 단어를 떠올린 사람은 단 한 명도 없었다. 그럼에도 불구하고 스포츠 지도자들이나 기업의 관리자들은 분노나 공포와 같은 부정적인 감정을 동원하여 선수들이나 직원들을 움직이려 한다. 물론 그런 방법으로 더 열심히 하게 만들 수는 있다. 그러나 열정을 이끌어내거나 동기를 부여하지는 못한다.

이러한 연구 결과들을 종합해볼 때 진정한 스포츠 지도자란

'최고의 에너지 관리자Chief Energy Officer'라 해야 할 것이다. 스포츠 지도의 핵심은 선수들의 에너지를 결집시키고, 자극하고, 재충전시킴으로써 최고의 능력을 이끌어내는 것이다.

브루스 아볼리오Bruce Avolio와 프레드 루당스Fred Luthans는 그들의 저서《The High Impact Leader》를 통해 구성원들에게 끊임없이 긍정적인 영향력을 미칠 수 있는 리더의 자질을 발견했다고 밝혔다. 그것은 직원들이 스스로 잘 인식하지 못하는 능력을 정확하게 끄집어내어 그들이 최상의 성과를 거둘 수 있도록 이끄는 능력이었다.

스포츠계의 많은 지도자들이 이러한 자질에 대해 이미 모를 리 없다. 그러나 스트레스 상황에 직면하면 대다수의 지도자들이 감정 상태를 다스리지 못하고 반사적으로 생존 모드에 돌입한다. 결국 지도자의 부정적인 모습은 선수들을 위축시키고 전반적인 훈련 환경에 영향을 미쳐 성과 추락을 초래한다.

투쟁-도주 반응의 네 번째 피해는 에너지를 급속하게 고갈시킨다는 것이다. 생존 모드에서 장시간 벗어나지 못하면 결국 탈진 모드로 떨어진다. 탈진 모드로 떨어지는 최고의 지름길은 화를 내는 것인데, 항상 경기에서 승부를 가려야 하는 선수들은 이 사실을 잘 알고 있다. 전설의 테니스 선수이자 '코트 위의 악동' 존 매켄로John McEnroe는 자서전에서 다음과 같이 고백했다.

"화를 내는 순간, 그 게임은 엉망이 됩니다. 분노가 경기에 도움이 된 적이 있냐고요? 단 한 번도 없습니다."

생존 모드에서
벗어나는 길

생존 모드를 피하기 위한 방법은 휴식 모드에 가능한 한 오래 머무는 것이다. 신체적인 건강이 피로에서 회복하는 능력이라면, 감정적인 건강이란 부정적인 상태에서 신속하게 벗어날 수 있는 회복 능력을 말한다. 즉, 감정적으로 건강하다는 것은 생존 모드에 빠졌을 때 스트레스 호르몬의 수치가 급격하게 치솟았다가 다시 신속하게 정상 수준으로 돌아올 수 있다는 뜻이다. 생존 모드에서 빨리 벗어나기 위해서는 긍정적인 감정을 계속 강화해야 한다.

신체 에너지 저장고가 하루 동안 조금씩 소진되는 것처럼 감정 에너지 역시 서서히 고갈된다. 감정 에너지는 신체 에너지로부터 지대한 영향을 받는다. 그러므로 신체 에너지를 잘 관리해야 감정 에너지도 적정한 수준으로 유지할 수 있다. 충분한 수면과 규칙적인 운동은 감정 상태에 긍정적인 영향을 준다. 물론 반대로 감정 에너지 역시 신체 에너지에 많은 영향을 준다.

이러한 긍정적 감정 상태의 최대 수혜자는 바로 스포츠 지도자나 선수 자신이다. 좋은 기분은 일상생활의 모든 측면에 도움을 준다. 일상 속에는 예기치 못한 다양한 일들이 늘 존재하기 때문에 생존 모드로 쉽게 떨어질 수 있다. 그러나 평소 긍정적인 감정 상태에 오랫동안 머물러 있던 사람은 생존 모드에서 쉽게 빠져나올 수 있다. 긍정적인 감정 상태를 계속 강화하려면 성과 모드와 휴식 모드 사이에서 균형을 잡아야 한다.

스포츠 지도자들은 성과에 대한 압박과 부담으로 적잖이 스트레스에 시달린다. 필자는 지인의 병문안차 서울의 한 병원을 방문한 적이 있었다. 재력이 있는 분이라 VIP 병동에 입원해 있었다. 사생활이 보호되고 신분 확인이 철저함은 물론 의료진이 항시 대기하고 있어 유명 인사들이 선호한다는 곳이었다. 병원 관계자들이 아니면 거의 출입이 통제되어 있는데, 프라이버시 때문이기도 하지만 충분한 안정과 휴식을 보장하기 위해서이기도 하다.

그런데 VIP 환자들 중에 시즌이 끝난 프로야구나 축구 감독들도 있다는 후문이다. 스포츠 지도자들의 스트레스로 인한 감정 상태를 가히 짐작할 수 있었다. 이러한 과정은 다음 시즌을 위해 성과 모드와 휴식 모드 사이에서 균형을 잡기 위한 것이라고 할 수 있다.

열정은
어디에서 나오는가

스포츠 분야에서 지도자의 역할은 선수들의 운동 수행 과정을 돕고, 선수들의 수준에 맞는 훈련을 계획하고 준비하며, 선수들의 목표와 성취를 관리하는 등 선수들의 성장에 매우 중요하다.

이 같은 지도자의 행동은 선수들의 동기에 영향을 미치며, 운동하는 분위기를 결정하는 데 핵심적인 요소이기도 하다. 지도자와 선후배 등 운동부끼리 많은 시간을 보내는 우리나라의 운동부 실정을 고려할 때 스포츠 지도자가 선수들에게 미치는 역할은 더욱 중요해지며, 선수들은 지도자와의 상호 작용을 통해 지도자의 열정을 느끼고 인식하게 된다.

위대한 성과를 달성하는 동기에 관해 스포츠 지도자들이 스스로에게 해야 할 가장 핵심적인 질문은 선수들의 동기가 외부에 있는가, 내부에 있는가 하는 것이다. 많은 사람들이 그 동기가 내부에 있을 것이라고 생각한다. 그렇지 않다면 세계적인 선수들이 어떻게 힘든 훈련 과정을 견딜 수 있었겠는가. 내적 동기에서 출발한 것이 아니라면 수십 년 동안 훈련에 따르는 희생과 고통을 감수할 수 없었을 것이라고 믿기 때문이다. 다음의 연구 결과들 또한 이런 견해를 뒷받침한다.

에드워드 데시Edward L. Deci와 리처드 라이언Richard M. Ryan이 정립한 자기결정성 이론Self-Determination Theory에 의하면 코칭 행동은 자율성 지지 방식과 통제적 방식으로 구분된다. 자율성 지지는 선수들의 선택과 생각을 존중하여 선수들 스스로 자기주도적 노력self-initiated strivings을 할 수 있도록 격려한다. 반면에 통제적 방식은 선수들의 자율성과 의견을 존중하기보다는 지도자의 생각과 요구를 강요하고 선수들을 억압하면서 훈련시키고 학습시킨다. 따라서 통제와 억압의 지도자는 선수들의 부정적인 정서, 심리적 결과, 수행력 저하와 도덕적 이탈을 야기한다.

실제로 현장에서 지도자들은 자율성 지지 방식보다는 통제적 방식을 많이 활용하고 있다. 이는 스포츠 분야뿐 아니라 기업 경영 현장이나 학교 등에서도 마찬가지다. 운동선수들을 대상으로 국내에서 수행된 통제적 코칭 행동에 대한 연구 결과를 종합해보면, 지도자의 통제적 행동은 선수들의 자기결정동기에 부정적인 영향을 미치며, 코치의 과도한 억압이나 통제된 환경은 특히 청소년 선수들에게 혼란과 소진은 물론 중도 탈락을 유발할 수 있다고 보고되고 있다.

이러한 통제적 환경에 선수들이나 직원들이 오랜 시간 노출되면 부정적인 결과, 즉 부적절하거나 무기력한 학습 행동, 학습 참여 저조, 학습 활동 감소, 반사회적 행동 및 부적응 행동 등을 초래할 수 있다. 결국 통제적 코칭 방식은 [그림 3-1] 감정 사분면의 탈진 모드에 이르게 한다.

중요한 것은 스포츠 지도자들의 통제는 단순히 긍정적인 요소들을 감소시키는 것이 아니라 부정적인 정서나 행위를 더욱 더 촉진하는 역할을 한다는 점이다. 연구 결과들을 통해 자율성 지지 방식이 선수들의 심리적 욕구를 만족시켜 긍정적인 행동 결과와 심리적 경험을 이끌어내는 반면, 통제적 방식은 심리적 욕구 불만족과 부정적인 행동 결과를 유발한다는 사실을 알 수 있었다. 선수들의 심리적 욕구 불만족은 부정적인 결과, 즉 심리적, 신체적 피로감이나 탈진 등을 한층 더 가중한다.

[그림 3-1] 감정사분면의 탈진 모드와 관련하여 선수들이 소진을 경험하게 되는 주요 잠재적 원인 중 하나가 지도자와의 상호 작용이다. 지도자가 승리만을 강조하거나 선수의 목표보다는 자신의 목표에 맞춰 선수들을 훈련시킬 때, 선수들은 소진을 경험할 가능성이 높아진다. 한 연구에서는 지도자가 선수들에게 긍정적 피드백이나 사회적 지지가 부족하거나 훈련에 무관심할 때 선수들은 소진을 경험하며, 특히 지도자의 부정적인 피드백은 선수의 소진과 더 큰 관련성이 있는 것으로 확인되었다.

'자율성'이 핵심인 자기결정성 이론에 의하면 인간은 자율적이고자 하는 욕구가 있으며, 동기의 자율성이 어느 정도인지에 따라 인간의 행동이 달라질 수 있는 것으로 나타났다. 내재적 동기는 가장 높은 자율적 행동을 말한다. 내재적으로 동기화된 사람들은 즐거움, 흥미, 만족감과 같은 스포츠 자체에 내재하는 이유로 스포츠에 참여한다. 또한 신체 단련이나 기술 습득과 같은 개인적 가치나 자발적 니즈에 의해 참여하기도 한다.

그렇다면 선수들의 열정은 어디에서 오는가? 자기결정성 이론에 따르면 인간이 역량과 기능을 잘 발휘하려면 유능감, 자율성, 관계성, 이 세 가지 심리적 욕구를 충족시켜야 한다. 이것은 태어나면서부터 가지고 있는 보편적 특성이다.

유능감 욕구는 과제를 효과적으로 통제하며 성공적으로 수행하는 능력에 대한 것이고, 자율성 욕구는 외부의 통제나 간섭 없이 스스로의 행동을 자율적으로 선택하고 결정하는 욕구이며, 관계성 욕구는 의미 있는 타자와 관계를 맺고자 하는 것이다.

그중 먼저 자율성에 관해 알아보자. 선수의 열정을 북돋우기 위한 지도자의 임무는 이렇다. 첫째, 유능성 욕구를 높이기 위해 선수의 수행에 대한 결과를 노력의 결과로 인정하고, 칭찬을 통해 유능감을 높여주어야 한다. 둘째, 훈련 목표를 스스로 또는 함께 정하고, 선수들의 참여율을 높임으로써 자율성 욕구를 상승시킨다. 셋째, 선수가 신뢰와 공감을 얻고 있다고 느낄 수 있도록 해주어야 한다.

다음은 관계성이다. 선수와의 관계에서 좋은 감정들을 만들어줌으로써 관계성 욕구를 충족시키고, 이를 통해 자기결정성 욕구를 증진시켜주어야 한다. 교육 훈련 중에 자기결정성을 적용하는 방법으로는 첫째, 재미없는 과제나 활동을 할 때 선수의 불만을 인정해주는 것이다. 선수의 이야기를 들어주는 것만으로도 자율성 욕구를 증진시킬 수 있다. 둘째, 선수들에게 활동을 제시하거나 평가 결과 또는 피드백 제공 시에 비통제적인 방식으로 이야기하는 것이다. 선수들에게 비통제적으로 다가감으로써 지도자와 선수의 관계성 욕구를 충족시킬 수 있다.

스포츠 지도자의 입장에서 이론적으로는 참 쉬운 이야기이고 납득이 가는 주장들이다. 그런데 막상 실천에 옮기려면 어디서부터 시작해야 할지 막막하고 구체적인 방법이 잘 떠오르지 않을 것이다. 스킬이 없기 때문이다. 경청 스킬이 있어야 불만을 들어주고 인정해줄 수 있으며, 질문 스킬이 있어야 비통제적인 방식으로 선수들의 참여를 이끌어낼 수 있다. 경청, 질문, 피드백과 인정 스킬을 자유자재로 활용할 수 있어야 유능감, 자율성, 관계성 욕구에 다가갈 수 있다.

모든 성과는 경험과 이론의 교차점에 존재한다. 운동 경험만 가지고는 안 된다. 경험, 이론, 코칭 스킬의 3박자를 갖추어야 훌륭한 스포츠 지도자가 될 수 있다. 코칭 스킬을 습득하고 연마하라.

재능이 아니라
노력을 칭찬하라

캐럴 드웩^{Carol S. Dweck}과 동료 학자들은 1998년에 초등학교 5학년생 500명을 대상으로 간단한 퍼즐 게임을 했다. 각 학생들에게 점수를 알려줄 때는 동일한 수준의 단어로 칭찬했다. 그러나 칭찬의 내용은 달랐다. 학생의 절반에게는 지능을 칭찬했다.

"영리하게 문제를 풀었구나!"

나머지 절반에게는 노력을 칭찬했다.

"정말 열심히 노력했구나!"

드웩은 강조점이 미세하게 다른 두 말이 학생들의 사고방식에 어떤 차이를 만드는지 실험하고자 했다. 칭찬의 방법이 성공과 실패에 대해 어떤 태도를 형성하는지, 끈기와 성과에 실질적인 영향력을 행사하는지도 알아보려 했다. 결과는 놀라웠다.

첫 테스트가 끝나고 모두에게 칭찬을 한 후 드웩은 학생들에게 어려운 퍼즐 문제 중 하나를 선택하게 했다. 지능을 칭찬받은 학생의 70%가 쉬운 문제를 선택했다. 이 학생들은 어려운 문제에 도전했다가 실패해서 '영리하다'는 꼬리표를 잃을 위험을 감수하고 싶지 않았던 것이다. 그러나 노력을 칭찬받은 학생들의 90%는 어려운 문제를 선택했다. 이들은 성공이 아니라 도전에 관심이 있었다. 자신이 얼마나 열심히 노력하는지 증명하고자 했던 것이다.

세 번째 테스트에서는 아무도 풀지 못할 만큼 어려운 퍼즐 문제를 냈다. 이번에도 실패에 반응하는 방식에 극적인 차이가 있었다. 지능을 칭찬받은 학생들은 자신들이 퍼즐을 푸는 실력이 없다는 증거로 해석했다. 노력을 칭찬받은 학생들은 퍼즐을 풀기 위해 훨씬 오랫동안 노력했고 그 과정을 즐겼으며 자신감 상실로 고민하지도 않았다.

마지막으로 첫 시험과 난이도가 비슷한 문제를 다시 냈다. 어떤 일이 벌어졌을까? 지능을 칭찬받은 그룹은 첫 테스트에 비해 점수가 20%나 하락했다. 그러나 노력을 칭찬받은 그룹의 점수는 30%까지 상승했다. 실패가 자극이 됐던 것이다.

이 모든 차이점은 첫 테스트를 한 뒤 간단히 말해준 칭찬에서 비롯되었다. 드웩과 동료 학자들은 깜짝 놀라 각기 다른 지역과 인종의 학생들을 대상으로 동일한 실험을 세 번이나 반복했다. 세 번의 실험 모두 똑같은 결과가 나왔다. 드웩은 이를 두고 이렇게 말했다.

"지금껏 해온 많은 실험 중에서 연구 결과가 가장 명확했습니다. 지능을 칭찬하는 일은 아이들의 동기부여와 성취에 해가 됩니다."

지능에 대한 칭찬은 고정형 사고방식을 갖게 만든다. 노력이 아니라 지능이 가장 중요하다는 뜻을 함축하고 있기 때문이다. 이런 칭찬은 아이가 진정한 학습을 포기하고 쉬운 도전을 추구하게 만든다. 드웩은 "사고방식은 사람들의 머릿속에서 일어나는 지속적인 해석의 틀을 만든다. 사고방식은 해석 과정 전체를 이끈다"고 말했다. 재능을 지향하는 다음의 칭찬을 살펴보자.

- "정말 빨리 배웠구나! 정말 똑똑하네!"

- "그림 좀 봐요. 이 아이, 완전히 피카소 같죠?"

- "운동신경이 타고났나 봐. 처음인데 이렇게 잘할 수가!"

세 가지 칭찬 모두 힘을 북돋아주는 말처럼 들린다. 누구에게 나 꼭 필요한 말이며, 자신감을 키워준다는 느낌을 갖게 한다. 그 러나 그 이면에 숨어 있는 무의식에 영향을 미치는 메시지를 들 어보자.

- '빨리 배우지 않으면 똑똑하지 않은 것이다.'

- '그림을 열심히 그리면 안 되겠다. 열심히 했다가는 사람들이 내가 피카소 가 아니라는 걸 알게 될 거야.'

- '연습하면 안 되겠다. 열심히 연습하면 사람들이 나의 천부적인 운동신경 을 믿지 않을 거야.'

드웩의 저서인 《마인드셋Mindset》에 나온 이 이야기들은 스포츠 지도자들에게 선수들과 대화하는 방식과 영감을 주는 방식에 대 한 새로운 접근법을 보여준다. 즉, 재능이 아니라 노력을 칭찬해야 하며, 전심전력을 다하면 능력을 바꿀 수 있고 도전은 위협이 아니라 기회이며 실패는 폐단이 아니라 기회라고 가르쳐야 한다는 것이다.

그렇다면 별다른 노력 없이 빨리 쉽게 문제를 푼 학생에게는 어떤 식으로 칭찬해야 할까? 열심히 땀 흘리지 않고 뭔가를 달성한 학생에게 어떻게 하면 재능이 아니라 노력을 칭찬할 수 있을까? 드웩의 조언을 들어보자.

"이런, 너무 쉬웠나 보구나. 시간을 낭비하게 해서 미안하다. 네가 정말로 뭔가를 배울 수 있는 다른 과제를 풀어보자!"

수많은 교육자들이 기준을 낮추면 선수의 자부심이 올라가서 성취가 향상될 것이라고 주장해왔다. 이와 관련한 드웩의 주장은 의미심장하다.

"기준을 낮추는 방식은 학생들의 지능을 지나치게 칭찬해야 한다는 철학과 동일합니다. 그러나 이는 효과가 없습니다. 기준을 낮추면 학생들의 교육 수준이 낮아지는 데다가 학생들은 쉬운 작업과 후한 칭찬을 당연히 여기게 될 테니까요."

앞서 '왜 코칭인가'에서 살펴본 바와 같이 전국적으로 스포츠 관련 교육 또는 서비스를 제공하는 업종이 매년 증가하고 있다.

또한 생활체육 활동 참여가 삶에 긍정적인 영향을 미친다고 응답한 사람이 79%에 이르고 있다. 스포츠 지도자의 칭찬 방법이 생활체육인이나 선수들의 삶에 미치는 영향을 생각하라! 재능보다는 노력을 칭찬하라!

4장

누구의 인생이든 절정기가 있기 마련이고, 그 절정기의 대부분은 누군가의 격려를 통해 찾아온다.
격려는 '영혼의 산소'다.
－조지 애덤스

스포츠 심리학과
코칭

스포츠 지도자들이 코칭을 공부하는 데 심리학을 알 필요가
있을까? 인간 행동에 대한 검증된 심리학 이론은 당연히 코칭에
도움을 줄 수 있다. 심리학은 개인의 특성에 대한 이해는 물론
개인이 원하는 변화와 성장을 효과적으로 돕는 데 더할 나위 없
이 중요한 학문이다. 생애 발달 단계마다 경험하는 독특한 갈등
과 발달 과제가 무엇인지, 원하는 대로 행동하려면 무엇이 필요
한지, 무엇이 사람들로 하여금 변해야겠다는 결심을 하게 만드
는지, 특정 욕구와 인간 행동 간에는 어떤 관련성이 있는지, 사
람들이 왜 동일한 상황을 서로 다르게 보는지, 감정이 어떻게 특
정 방향으로 행동하게 이끄는지 등 인간의 심리와 행동 전반에
대한 방대한 지식이 심리학에 있다.

　최근 소개되고 있는 코칭 심리학은 심리학 지식을 코칭에 활
용하는 것을 넘어 코칭 과정에서 일어나는 변화 과정을 심리학

적으로 연구하는 학문이다. 심리학으로 코칭을 재구성한 본 장에서는 심리학이 어떻게 코칭의 근거로 활용되고 전문성을 높이는 데 기여할 수 있는지에 관한 내용을 담았다. 특히 심리학자이자 전문 코치로서 현장 경험이 풍부한 김은정 박사가 코칭을 심리학적으로 정리한《코칭의 심리학》의 일부 내용을 중심으로 요약하고 재구성했다.

코칭은 누구나 타고난 성장 욕구를 자극하는 것으로 시작하여 자기인식을 토대로 원하는 방향으로의 변화를 주도적으로 이끌어갈 수 있도록 지원하는 과정이다. 이 장을 통해 코칭 과정에서 선수들에게 일어나는 심리학적 기제들을 이해하고 또 코칭에서의 의미 있는 변화 과정을 심리학의 관점으로 바라볼 수 있는 지혜와 혜안을 갖길 기대한다.

1 동기관리

　동기관리는 감히 변화를 위한 엄두를 낼 수 있도록, 그리고 변화의 출발점을 정하고 첫발을 내딛을 수 있도록 돕는 과정이다. 동기란 특정한 방식으로 행동하도록 하는 내적인 힘과 외적인 힘이 복합적으로 얽혀 있는 상태를 말한다. 스포츠 지도자들이 현장에서 늘 궁금해하는 것이 '어떻게 선수들로 하여금 동기부여를 일으킬 수 있을까'라는 문제다. 이것은 동기부여에 관한 매우 잘못된 접근 방식이다. 이러한 관점은 코치나 관리자와 같은 외적인 요인이 동기를 제공하는 공급자 역할을 하며 선수 개개인은 동기를 공급받는 수요자 역할을 한다고 여기게 되기 때문이다. 이 같은 인식에서 출발한 스포츠 지도자들은 자신의 관점에서 동기를 부여하게 된다. 예를 들면, 시합 전에 폭력을 행사한다거나, 고성으로 질책한다거나, 극기 훈련을 시킨다거나 하는 것이다. 동기는 스포츠 지도자들이 선수들에게 쉽게 나눠주거나 선수들이 누군가로부터 공급받을 수 있는 것이 아닌데도 말이다.

동기의 통념에 대한 또 다른 예는 홈그라운드의 이점에 대한 것이다. 일부 학자들의 연구에 의하면 홈팀은 50% 이상의 승률을 갖는다고 한다. 따라서 홈 앤드 어웨이home and away의 비율을 동등하게 조정하는 것이 일반적이다. 스포츠 지도자들은 선수들이 홈 관중들로 인해 동기화된다고 믿고 있다. 반대급부로 선수가 홈에서 경기하는 것이 더 동기유발이 된다면 원정경기에서는 분명 동기유발이 덜 될 것이다. 이것은 선수가 최상의 성과를 내기 위한 동기유발 수준이 떨어진다는 것을 의미한다. 결과적으로 동기유발에 대한 이러한 통념은 일반화하는 데 많은 문제점이 있다.

선수들에게 필요한 동기를 스포츠 지도자가 제공한다는 공급자와 수요자 관계에 대한 통념과는 반대로 소유 여부에 관한 통념은 동기가 전적으로 선천적인 것이며 고정된 것으로 보는 관점이다. 즉, 동기는 발전되거나 양성될 수 없는 것으로 보는 관점이다. 이러한 관점은 스포츠 지도자가 동기유발이 잘된 선수를 선발하고 그렇지 않은 선수는 제외시켜야 한다고 생각하게 만든다.

물론 선수마다 동기유발 정도는 다를 수 있다. 그러나 스포츠 지도자는 선수의 동기를 유발하고 육성할 책임이 있다. 선수의 수행과 학습에 지대한 영향을 미치는 스포츠 지도자는 선수들의 동기를 유발할 수 있는 코칭 스킬과 같은 역량 개발에 힘써야 한다.

우리는 다른 사람들보다 재능이 월등하게 뛰어난 선수들에게 열광한다. 그러나 재능에 관한 학자들의 연구 결과를 살펴보면 아무리 뛰어난 재능을 타고난다 하더라도 지속적인 훈련 과정이 없이는 탁월해지기 어렵다. 즉, 스포츠에서 탁월한 수행과 결과는 재능만 있다고 해서 되는 것이 아니라 지속적이고 반복적인 훈련의 결과로 나타난다.

그렇다고 해서 무조건 반복 훈련만 한다고 탁월해지는 것도 아니다. 이와 관련하여 안데르스 에릭슨Anders Ericsson은 반복적인 훈련의 핵심은 '얼마나 오래'가 아니라 '얼마나 올바른 방법'인지에 달려 있다고 강조한다. 즉, '무턱대고 열심히 하기'가 아닌 '다르게 열심히 하기'라고 강조한다.

동기유발은 스포츠 지도자들의 가장 중요한 역할이기도 하다. 따라서 스포츠 지도자라면 선수들의 참여 수준에 따른 특별한 욕구를 충족시키고, 유능한 선생 혹은 멘토로서 배우는 사람의 의지나 철학을 공고히 해주며, 적절한 피드백을 통해 동기가 강화될 수 있는 환경을 만들어주는 역할을 해야 한다.

동기는 스포츠 경기나 생활체육 활동에서 많은 변화를 일으킬 수 있는 역동적인 에너지이며, 개별성이 강하고 복잡하다. 동기는 모든 사람이 고루 나누어 쓸 수 있는 것도 아니며, 특정한 틀이 있는 것도 아니다. 지극히 개인적인 것이다. 이러한 동기의 특성을 이해한다면 동기유발을 위한 건전하고 창의적인 생각을 할 수 있을 것이다. 동기유발을 위해서는 먼저 동기가 유발되는 원인에 대한 인식이 선행되어야 한다.

동기를 관리한다는 것은, 개인이 변화를 진정으로 원하는지 확인한 후 변화의 방향을 정하고 변화에 필요한 에너지를 확보하는 것이다. 그런데 동기의 주요 요소인 방향성과 에너지 그 자체에만 초점을 맞춘다면 마치 스포츠 지도자들이 선수들에게 방향성에 해당하는 성과 목표를 부여하고 격려와 지원을 통한 에너지를 불어넣어주기만 하면 될 거라고 생각하게 만들 수도 있다.

그러나 동기는 부여하는 것이 아니라 유발하는 것이라고 했듯이 자신의 내부에서 동기가 나와야 한다. 즉, 스스로 움직이려는 마음이 생겨야 한다. 변화와 성장에 대한 생각, 감정, 동기, 그리고 행동은 각각 독립적인 것이 아니라 서로 긴밀하게 연결되어 있다. 코칭에서 최종적인 변화를 확인할 때 행동에 초점이 맞춰져 있다 하더라도 이를 위해 함께 작동되어야 할 요소들이 있다는 뜻이다.

코칭을 통한 실제적인 변화는 주로 눈으로 확인 가능한 행동상의 변화다. 그런데 이전에 없었던 것을 새롭게 만들고 실행에 옮기고 그 효과를 경험하는 것은 많은 에너지를 필요로 한다. 예를 들어, 사람은 큰 불편함을 느끼지 않는 한 안주하고 싶어 한다. 변화된 모습을 떠올릴 때 가슴이 뛰거나 에너지가 생기지 않는다면 그냥 형식적인 과정으로 생각하고 코칭에 참여할 수도 있다.

반면에 당장 특정 행동을 개선하지 않으면 평가에서 불이익을 받을지도 모른다는 불안한 생각을 하기도 한다. 이처럼 변화가 필요하다는 인식이 생겨나는 시점은 주로 지금까지의 고민거리나 이슈에 대한 새로운 통찰력이 생겼거나 더 이상 개선하지 않으면 안 될 것 같다는 일종의 위기의식을 느끼는 상황이다.

또한 지금 당장은 아니지만 미래를 위해서라도 변화가 필요한 적기라는 생각에 도전의식이 증가하고 기대감에 활기가 생겨나기도 한다. 그러므로 변화에 대한 필요성 인식과 함께 그것에 대한 의지, 기대 및 태도를 점검하고 이를 적절하게 관리하는 것이 중요하다.

선수의 주도성

코칭은 선수들이 스스로 원하는 방향을 정하고 원하는 방향으로 나아가는 데 필요한 자원과 에너지를 확보하여 변화 과정에 집중할 수 있도록 돕는 것이다. 여기서 원하는 방향이란 목표 설정과 관련된 것이며, 자원과 에너지는 변화를 향한 움직임에 필요한 요소다. 방향과 에너지는 사람들의 동기를 결정하는 기본 요소다. 코칭은 본질적으로 동기와 관련된 활동이다. 코치는 현재 만족하고 있는 선수로 하여금 새로운 도전의식을 불러일으킬 수 있는 아주 좋은 위치에 있다. 또한 변화가 나타나지 않을 때 혹은 실행의지가 약해질 때 코치는 목표를 떠올리며 실행을 지속하는 데 필요한 동기를 유발시킬 수 있다.

따라서 코치의 역할은 선수와의 관계를 기반으로 그들이 더욱 건강하고 성공적으로 변화하는 데 도움이 되는 방향으로 나아갈 수 있도록 필요한 에너지를 불어넣고 이와 관련된 내적 동기를 높여주는 것이다. 여기서 내적 동기란 한마디로 스스로 움직이게 하는 힘이다. 사람들은 자신이 스스로 선택하고 결정한 행동을 할 때 더 강한 에너지가 나오며, 시키지 않아도 혹은 힘들어도 스스로 움직이려고 한다.

이 내적 동기는 스스로 목표를 정하고 실행 방법을 선택할 때 강해진다. 특정 목표나 기대가 처음부터 외부에서 주어진 경우라도 자신의 가치에 부합하고 그 가치를 충족시키는 데 도움이 된다고 확인되는 순간 내적 동기가 생겨날 수 있다. 이는 주어진 목표가 다른 사람이 아닌 자신이 진정으로 원하는 목표로 전환되었기 때문이다. 예를 들어, 프로야구에서 몇몇 상위 클래스 선수들의 경우 정규 리그가 끝나고 다음 시즌을 준비할 때 구단에서 트레이닝을 하기도 하지만 따로 개인훈련을 하기도 한다. 똑같은 훈련이라 할지라도 자신만의 방법으로 수행했을 때 만족도는 훨씬 더 높아진다. 혹여 실패하더라도 다시 시도할 확률이 높다.

코칭은 스스로 중요한 선택과 결정을 할 수 있도록 자신을 격려하게 하며, 이러한 주도적인 변화 과정을 촉진한다. 구체적으로, 코치는 선수 개인이 중요하게 여기는 가치에 부합하는 목표를 설정할 수 있도록 자발적인 동기를 이끌어내는 데 초점을 맞춘다. 스스로 변화를 이끄는 것에, 즉 자기주도적인 변화를 촉진하는 것에 초점을 맞춘다. 스스로 변화를 이끄는 자기주도적 변화를 촉진하기 위해 필요한 조건은 다음과 같다.

첫째, 선수에게 초점을 맞춘다. 코칭 초기에 피코치자의 입장에서 주의 깊게 듣고 수용하는 반응은 선수 중심의 관계 구축을 위해 중요하다. 더 나아가 이 과정에서 선수는 대화 주도하기, 자발적으로 의사 표현하기 등 코칭에서의 자신의 역할을 자연스럽게 확인하고 습득하게 된다. 전문가인 코치가 이끄는 대로 편안하게 따라가면 될 것이라고 예상했던 피코치자는 순간 부담을 느끼기도 하지만 한편으로는 코칭 대화와 변화에 대한 주인의식이 생겨난다.

둘째, 변화의 방향은 선수의 선택이어야 한다. 그 방향이 외부에서 주어진 것이라 하더라도 관련된 기준이나 가치를 내면화하여 자신의 것으로 전환하는 것이 중요하다. 변화를 주도하는 데 필요한 자신만의 동기와 가치부여가 필요하기 때문이다. 또한 스스로 원하는 바이며 성취 후에도 만족할 수 있는 목표를 선택하고 자신에게 적합한 방법으로 움직일 수 있어야 힘든 변화 과정에서도 동기가 유지될 수 있기 때문이다.

셋째, 목표 설정과 이를 달성하기 위한 방법을 선택할 때 최대한의 선택 권한이 부여되어야 한다. 의사결정이나 판단에 필요한 정보가 필요시 제공된다 하더라도 최종적인 선택과 결정권은 선수에게 있다. 선택권 부여는 변화 과정에 대한 주인의식을 고취하는 데 중요하다. 더 나아가 코칭의 성과를 자신에게 돌릴 수 있게 해준다. 성공적인 변화를 이루어낸 경우라도 자신이 선택한 것이고 스스로 해낸 것이라는 생각이 들지 않는다면 온전한 개인적 성취감으로 느껴지기 어렵다. 코칭을 통한 성과를 자신의 결정과 노력에 의한 것이라고 더 많이 느낄 수 있을 때 자신의 능력에 대한 자신감, 즉 유능감이 상승할 수 있으며, 개인의 지속적인 성장 자원이 구축될 수 있다.

그러나 코치들이 어떻게 항상 선수들이 원하는 대로만 해주고, 선수들에게만 선택권을 줄 수 있겠는가. 아직 사리 판단이 부족한 유청소년들이나 초심자들에게는 코치의 지도가 필요하다. 따라서 코치는 선수의 역량과 수준에 따라 티칭이 필요한지 코칭이 필요한지 판단할 수 있어야 한다.

코칭 스킬과
주도성 증진

대표적인 코칭 스킬인 경청과 질문, 그리고 피드백은 각각 생각, 마음, 행동을 여는 스킬이라고 상징적으로 표현되기도 한다. 이것을 선수 관점에서 보면 코칭 스킬들은 선수의 주도성이 발휘될 수 있는 안정적인 관계를 구축해주고 자율적 선택과 결정의 기회를 제공하는 기능을 한다.

코칭 스킬의 효과성은 선수가 가치 있는 목표 설정과 그 실행 과정에 얼마나 적극적으로 임하고 변화 과정을 얼마나 주도적으로 이끄느냐에 달려 있다.

경청은 선수에 대한 수용과 존중을 기반으로 신뢰 관계를 구축함으로써 코칭 대화에서 주인공이 바로 선수임을 인식하도록 도와준다. 질문은 이전에 고려하지 못했던 새로운 관점을 갖도록 도와주며, 객관적 자기인식과 변화에 필요한 탐색을 촉진한다. 이 과정에서 선수는 자신이 진정으로 원하는 것을 스스로 확인하고 변화에 필요한 다양한 계획을 검토하게 된다. 그리고 자발적 동기유발을 위해 필요한 것이 무엇인지를 적극적으로 찾는다.

자연스럽게 선수는 변화를 스스로 주도한다는 경험을 할 수 있다. 그러므로 핵심 코칭 스킬인 경청과 질문은 주도성 증진과 밀접한 관련이 있다. 이처럼 경청과 질문의 목적 및 기대효과를 생각해보면 이들이 내적 동기를 유발하는 데 기반이 되는 관계성 욕구와 자율성 욕구의 충족이 깊은 관련이 있다는 것을 알 수 있다.

경청은 선수로 하여금 수용과 존중을 경험하게 함으로써 기본적으로 선수와의 신뢰 관계를 구축할 수 있게 도와준다. 그런데 코치와 선수가 늘 편안하고 좋은 대화만 할 수 있겠는가. 따라서 코칭에서는 목표가 중요하게 부각되기도 한다. 즉, 좋은 관계 형성만으로는 코칭을 통해 얻고자 하는 성과를 달성하기 어렵지만, 수용과 존중을 통한 관계 구축은 선수의 주도성 증진과 코치의 변화 지원을 위한 선행조건이 될 수 있다.

질문은 코칭 대화를 진행하는 핵심 스킬이다. 질문은 다양한 관점으로 생각해보고 탐색할 수 있도록 도와준다. 이로써 코칭 과정의 핵심 내용인 자각, 이슈에 대한 새로운 탐색, 핵심 가치와 니즈 확인, 목표 설정 및 실행계획 수립을 가능하게 해준다. 그런데 이 질문의 기능 혹은 질문의 기대효과보다 더 중요한 것은 질문과 관련된 기본 가정이다. 전문가인 코치가 아니라 당사자인 선수가 스스로 적합한 답을 찾을 수 있을 거라는 믿음이 바로 그것이다.

질문은 상대방에게 탐색과 해결책 도출을 위한 권한을 부여하는 것이다. 질문은 주도성 증진에 핵심이 되는 스킬이다. 적절한 질문은 때로는 자각을 촉진하기도 하고 선수의 핵심 가치와 욕구에 부합하는 변화 목표를 스스로 찾을 수 있도록 돕기도 한다. 이렇게 스스로 선택하고 찾는 주도적 활동을 통해 얻은 목표 달성의 성취감은 자신이 변화를 이루어낼 수 있다는 유능감을 심어준다.

결론적으로 코칭 스킬은 선수의 내적 동기의 핵심인 주도성,

관계성, 유능감에 모두 영향을 미친다. 코치가 선수들에게 단지 운동기능만을 가르치는 것이 아니라, 코칭 스킬을 통해 선수들 스스로 변화하고 성장할 수 있도록 조력한다면 그야말로 최고의 스포츠 지도자가 아닐까?

유기적 통합 이론과 코칭

　자기결정성 이론의 하위 이론 중 하나인 유기적 통합 이론 Organismic Integration Theory은 동기의 내면화 과정을 이해하는 데 도움이 된다. 유기적 통합이란 사람들이 외부에서 요구하는 행동 가치를 내면화하고 자신과 통합해가는 과정이다. 다시 말하면 외부의 가치와 유기체, 즉 인간의 가치가 통합되는 과정이다.

　예를 들어, 자신의 가치나 욕구와 거리가 먼 행동을 해야 할 때 처음에는 거부감이나 불일치감이 높았으나, 요구된 행동의 가치를 수용하거나 자신의 가치를 조정하면 부정적인 느낌이 줄어들고 궁극적으로 서로 다르다는 것을 느끼지 못하는 상태에 이르게 된다. 처음에는 외부의 통제나 기대에 맞추느라 어쩔 수 없이 시작한 행동이 점차 개인에게 거부감 없이, 자발적으로, 그리고 더 몰입해서 하는 쪽으로 변해가는 과정이 대표적인 예다.

이때 개인의 가치 내면화 수준은 자신이 속한 집단과 문화의 가치를 자신의 가치에 얼마나 적극적으로 연결시키느냐에 따라 구분된다. [표 4-1]은 어쩔 수 없이 시작한 운동이 점차적으로 자발적 행동 습관으로 변해가는 과정을 유기적 통합 이론에 기초하여 정리한 것이다.

자율적 동기유발은 코칭을 통해 이루어지는 전반적인 변화 과정의 중심이 될 수 있다. 이는 외부의 기대와 기준에 따라 생겨난 변화 동기가 점차 자신의 내적 동기로 전환되어가는 과정 자체가 코칭에서 나타나는 변화 과정과 매우 유사하다는 뜻이다.

또한 변화와 관련된 자기결정성 수준, 즉 변화에 대한 자발적인 동기가 증가하고 자율성 수준이 향상되는 과정 자체가 코칭의 단계와 일맥상통한다. 구체적으로 코칭 초기에는 외부에서 주어진 목표를 향해 변화를 시도하지만 점차 목표에 대한 개인

[표 4-1] 운동 습관에 대한 동기의 변화 단계

수준		내용	예
무동기		· 행동을 하지 않거나, 하더라도 의지가 없다. · 행동에 대한 가치부여를 하지 않는다.	내가 운동을 하지 않는 이유는 · 시간도 없고 바쁘며 그 시간에 잠을 더 자야 하기 때문이다. · 운동이 무슨 효과가 있을까 싶기 때문이다.
외적 동기	1단계: 외적 불편감의 회피	· 타율에 의해 행동한다. · 외적 보상과 압력에 순응한다.	내가 운동을 하는 이유는 · 최근 건강검진에서의 경고를 무시할 수 없기 때문이다. · 가족들의 압력 때문이다.
	2단계: 내적 불편감의 회피	· 불안과 처벌을 피하기 위해 행동한다. · 자존감을 유지하기 위해 행동한다. · 기준은 채택하지만 수용하지는 않는다.	내가 운동을 하는 이유는 · 승진 평가에도 영향을 줄 수 있다는 말 때문이다. · 자기관리가 부족하다는 말을 듣기 싫기 때문이다.
	3단계: 개인적 가치부여	· 행동에 의식적으로 가치를 부여한다. · 개인적으로 중요한 행동으로 채택한다.	내가 운동을 하는 이유는 · 체력과 근력이 조금씩 증가되는 것을 느끼기 때문이다. · 활력이 증가되는 효과를 확인할 수 있기 때문이다.
	4단계: 개인적 가치에 통합	· 자신의 다른 가치와 일치시킨다.	내가 운동을 하는 이유는 · 내가 중요하게 여기는 자기관리에 도움이 되기 때문이다. · 내가 중요하게 여기는 규칙적인 습관에 좋기 때문이다.
내적 동기		· 행동 자체로 만족감을 느낀다. · 과정에서 즐거움, 만족감, 성취감을 느낀다.	내가 운동을 하는 이유는 · 이제 운동 그 자체를 즐기기 때문이다.

출처: Ryan, R.M. & Deci, E.L. (2000). Self-determination theory and the facilitation of intrinsic motivation, social development, and well-being. American Psychologist, 55(1).

적인 가치부여가 이루어지고 작은 성공 경험들을 통해 성취와 만족감이 증가하면서 변화 방향에 대한 확신도 강화된다. 변화된 모습과 행동 그 자체를 즐기고 만족감을 느낄 수 있는 수준에 이르면 외부의 보상이나 기대로부터 자유로워진다. 즉, 스스로 변화를 주도하는 상태가 된다. 이러한 자기결정성 이론은 다음과 같이 코칭에 중요한 시사점을 제공한다.

첫째, 코칭 초기 단계에서 개인의 가치와 욕구를 탐색하고 그것과 코칭 목표의 연결고리를 찾는 작업이 필요할 것이다. 또한 본격적인 변화 과정이 진행되고 있을 때에도 코치는 선수의 욕구와 가치가 언제, 어떻게 충족되고 있는지를 확인하는 것이 중요하다. 지속적인 내적 동기의 유발과 그 유지에 도움이 되기 때문이다.

둘째, 자기결정성 이론은 이러한 코치와 선수 간 협력 작업이 원활하게 이루어질 수 있도록 확고한 파트너십을 구축하는 데 필요한 조건이 무엇인지를 알려준다. 내적 동기는 자율성 욕구와 유능감 욕구, 그리고 관계성 욕구가 충족될 때 증가한다. 자기결정성 이론은 경청, 공감, 본인의 의지에 따른 행동에 대한 격려 등과 같은 코칭 스킬이 중요하다는 것을 지지해준다.

셋째, 변화를 성취한 후에도 기대했던 결과의 원인을 본인의 의지와 노력에 의한 것으로 인식할 수 있도록 도와줌으로써 자신의 능력에 대한 자신감과 지속적인 변화를 위한 동기유발이 가능해진다.

5 정서와 변화에 대한 필요성 인식

　선수가 자신의 현재 모습에 더 이상 만족하지 않고 원하는 방향으로 변화해야겠다는 자각이 생기는 시점이 바로 변화의 필요성을 인식하는 순간이다. 그런데 코칭 장면에서 선수들이 말로는 변화가 필요하다거나 변화를 꾀해야 한다고 하는데 실제로 적극적으로 변화를 시도하지 않는 경우도 적지 않다. 머리로는 변화의 필요성을 인식하고 있으나, 절실하게 혹은 심정적으로 변화에 끌리지는 않기 때문이다.

　이는 주요 문제에 대해 감정적으로 동했는지 혹은 동하지 않았는지, 그리고 특정한 방향으로 나아가고자 하는 에너지가 새

룹게 생겼는지 혹은 그대로인지의 차이다. 이는 모두 변화의 핵심 요소인 정서 및 동기와 관련이 있다. 동일한 문제를 가진 선수라 하더라도 경험하는 정서와 동기 수준에 따라 변화 과정에 대한 몰입 정도는 달라진다.

행동의 기저에는 방향성과 에너지를 수반하는 동기가 존재한다. 동기는 목표지향적 행동을 유발한다. 또한 동기는 목표지향적 행동을 지속하게 하는 추진력, 즉 에너지를 제공한다. 이러한 동기의 기저에는 정서라는 핵심 요소가 있다. 예를 들어, 도전 실패 이후 경험하는 적당한 수준의 두려움은 더 열심히 노력하게끔 만든다. 정서는 동기를 유발하고 동기는 목표지향적인 행동으로 이어진다.

정서의 이러한 특성에 기초해보면 코칭 장면에서 정서가 어떤 기능을 할지 예측할 수 있다. 코칭의 변화 단계에서 정서는 관점과 인식의 전환 과정에 관여한다. 정서는 행동 변화에 필요한 사고의 촉진과 확장으로 이끈다. 그리고 다양한 행동 계획의 수립과 실행에 필요한 동기유발을 돕는다.

코칭에서 선수가 새로운 관점을 얻고 아이디어를 창출하는 질적인 변화 시점인 생성 시점generative moment은 내면의 욕구가 드러나고 강한 정서를 경험하는 변화의 시발점이다. 바로 여기에도 정서의 변화가 수반된다. 코칭에서 감정을 다룬다는 것은 단지 선수의 힘든 감정만을 공감하는 것이 아니다. 관점 전환으로 필요한 정보 수집과 탐색을 촉진하고 변화를 위한 동기유발을 하는 데 감정을 적극 활용하는 것이 필요하다.

변화의 필요성을 머리로 이해하는 것과, 가슴으로 느끼고 마음이 동하여 변하고자 결심하는 것에는 차이가 있다. 코치는 변화 동기의 유발에 중요한 역할을 하는 '결정적 정서'를 경험하도록 돕는 동시에 이를 단지 순간적인 감정 반응으로 여겨 스쳐 지나가게 하지 말고 적극 활용할 수 있어야 한다.

코칭은 기분 좋고 긍정적이며 에너지 넘치는 대화만 하는 것이 아니다. 만족스러운 변화와 성장이라는 결과를 얻기 위한 과정에는 때로는 충격, 좌절, 분노와 같은 부정적인 감정도 수반된다. 강도 높은 부정적 감정은 성찰과 탐색에 방해가 되기도 하지만, 적절한 강도의 부정적 감정은 오히려 도움이 된다. 사람들은 기분이 약간 가라앉아 침울할 때 자기성찰의 동기가 생기고 자신을 더 잘 들여다볼 수 있기 때문이다. 그러므로 선수의 깊이 있는 성찰과 필요성 인식을 촉진하기 위해 그들의 감정 변화에

민감하게 반응하고 이를 적절히 활용하는 것이 필요하다.

심리학의 하위 분야인 동기심리학은 사람들이 가고자 하는 방향을 정해주고, 이와 관련된 행동을 유발하고 지속하는 데 필요한 요인들을 연구하는 학문이다. 인접 분야인 정서심리학은 행동의 선행조건인 동기를 촉발하는 요소로서 감정의 기능과 조절에 관심을 두고 연구한다.

코칭에서 변화를 시도하고 확인하는 대상은 행동이며, 행동 변화의 핵심 요소는 정서와 동기다. 변화를 앞둔 자신의 모습과 상황에 대해 어떤 느낌을 갖고 있는지, 그리고 얼마나 변화 방향이 분명하고 얼마나 강한 변화 의지를 갖고 있는지가 행동 변화의 성공 여부를 결정하는 핵심 요인이다.

중요한 시합을 앞두고 왠지 마음이 불편하면 혹시 부족한 부분은 없는지 다시 살펴보게 된다. 이처럼 정서는 지금 이 상황에서 필요한 행동이 무엇인지에 대한 중요한 정보를 제공한다. 특히 이러한 부정적인 정서는 사람들로 하여금 위험에 대비하게 하며, 좀 더 꼼꼼하고 철저하게 준비하는 행동을 유도한다.

부정적인 정서는 예상 문제나 어려움에 대비하는 방향으로 행동하게끔 에너지를 유발한다. 또한 부정적인 정서는 세부적이고 체계적인 정보 처리를 돕는다. 긍정적 정서든 부정적 정서든 모두 공통적으로 인식과 관점의 전환을 이끌고 새로운 방향으로의 탐색을 촉진한다. 구체적으로 긍정적 정서는 더 많은 에너지를 유발하며, 창의적인 문제 해결을 돕는다. 또한 사고를 확장하고 변화에 필요한 관련 자원들을 구축하는 데 도움이 된다. 따라서 긍정적 정서는 목표 달성에 필요한 다양한 대안 행동을 확장해나가는 데 중요한 역할을 할 수 있다.

정서가 가지고 있는 중요한 정보와 기능을 적절하게 활용한다면 사람들은 자신이 원하는 방향으로 행동하는 데 중요한 동인을 얻을 수 있다. 정서는 우리가 행하고자 하는 사고와 행동, 에너지의 방향을 정해주기 때문이다. 코칭에서 선수가 경험하는 정서는 문제와 관련된 관점을 전환하고 탐색을 촉진하는 데 도움을 주며 변화 필요성에 대한 인식을 높여준다.

5장

> 1천 일의 연습을 '단鍛'이라 하고, 1만 일의 연습을 '연鍊'이라 한다.
> 결국 '단련鍛鍊'은 1천 일, 1만 일을 수련해야 한다는 의미다.
> ─미야모토 무사시

코칭 스킬 훈련

코칭 철학

코칭 철학은 코칭을 하기 전에 전제가 되는 코치가 가져야 할 사고방식이나 사물에 대한 관점을 말한다. 코칭은 결론적으로 인간을 위한 것이다. 인간을 어떻게 보느냐에 따라 코칭의 내용과 방법론, 해결책 등이 달라질 수 있기 때문에 인간에 대한 관점과 해석은 매우 중요하다.

그렇다면 코칭에서 보는 인간관은 무엇인가? 코칭에서 인간은 무한한 가능성의 존재다. 일본에 코칭을 처음 전수한 에노모토 히데타케榎本英剛는 그의 저서에서 다음의 세 가지 철학을 강조했다.

· 첫째, 모든 사람에게는 무한한 가능성이 있다.

· 둘째, 그 사람에게 필요한 해답은 그 사람 안에 있다.

· 셋째, 해답을 찾기 위해서는 파트너가 필요하다.

대부분의 코치들은 코칭 교육 입문 시 이 철학을 익히게 된다. 세 가지 철학을 좀 더 자세히 살펴보자.

모든 사람에게는 무한한 가능성이 있다

이것은 인간에 대한 무조건적인 신뢰다. 이러한 인간 중심의 관점은 인간을 근본적으로 합리적이고 사회적이며, 발전적이고 현실적인 존재로 보는 태도에 기초한다. 인간을 올바른 성장을 위해 끊임없이 노력하는 존재로 본다. 나아가 인간의 본성을 선한 것으로 인식한다. 따라서 성선설적인 관점이다.

코치가 피코치와의 관계에서 대상을 어떻게 보는가는 코칭 행위에서 매우 중요한 요소다. 코치는 모든 인간이 무한한 잠재력을 갖고 있음을 전제로 코칭을 수행한다. 인간은 선천적으로 타고난 성장 가능성을 실현하는 과정에서 인생의 목표와 행동 방향을 스스로 결정할 수 있다고 보는 것이다.

마찬가지로 인본주의 심리학자들의 공통된 견해를 보면 인간은 자신의 생활과 행동에 책임을 지며 인식과 의지를 통해 언제라도 태도와 행동을 창조적으로 변화시킬 수 있다고 믿는다. 이들은 사랑, 충족, 자기가치, 자율이라는 영역에서 인간의 가장 완전한 성장에 관심을 가지며, '성숙'을 개인이 가치 체계를 세우고 이를 따르는 과정으로 생각한다.

인본주의 심리학의 대변인이라 할 수 있는 칼 로저스Carl Rogers는 인간은 기본적으로 '실현 경향성The Actualizing Tendency'을 가지고 있다고 보았다. 이것은 인간이 스스로 자신을 유지하고 내부의 잠재력을 건설적인 방향으로 성취하려는 성향이 있다는 뜻이다. 이와 같이 코칭의 인간관 역시 인간이 무한한 가능성을 가지고 스스로 행동할 수 있다는 인본주의 심리학에 기초를 두고 있음을 알 수 있다.

그 사람에게 필요한 해답은 그 사람 안에 있다

답이 내부에 있다는 것과 답을 알고 있다는 것은 다르다. 답이 그 사람 내부에 있다는 것을 에노모토는 그 사람 내부에 답이 '잠자고 있다'고 표현했다. 이는 인간의 잠재력을 인정하는 것이며, 인간에게는 자신의 문제를 스스로 처리할 수 있는 능력이 내재되어 있음을 뜻한다. 이것은 인간의 본성이 본래 비이성적이며, 무의식적 과정인 충동, 사고, 성욕, 공격성, 욕망, 공포가 동기화되어 행동으로 나타난다는 프로이트의 결정론적인 정신분석학의 견해와는 다르다.

또한 인간을 오직 외부 환경의 자극에 반응하는 유기체적 기계와 같은 존재로 보는 행동주의 심리학의 견해와도 다르다. 문제 해결의 답이 오직 인간 자신에게 잠재되어 있다는 것은 인간 자율성에 의해 그 해결이 가능하다는 것을 전제로 한다. 이것은 기본적으로 인간에 대한 신뢰이며, 인간의 잠재력에 대한 긍정이다.

인간의 이 숨겨진 잠재력을 이끌어내는 사람들이 바로 '코치'다. 코치는 모든 사람이 그들 자신에게 드러난 것보다 더 많은 능력을 보유하고 있음을 믿는다. 따라서 코치는 상대에게 드러난 측면보다 잠재력 측면에서 더욱 깊게 그들을 들여다본다. 코칭에서는 인간은 누구나 태어날 때부터 자신을 실현하려는 경향을 갖고 있다고 본다. 인간에게는 지나온 경험을 정확하게 자각하고 성장할 수 있는 잠재 능력과 경향이 있다고 긍정적으로 또 낙관적으로 보는 것이다.

인간은 타인들로부터 긍정적인 자기존중을 요구한다. 이러한 요구가 해결될 때, 인간이 자기유기체를 실현하고 경험을 정확하게 표현하려는 경향성이 완전히 실현된다. 코치는 피코치에게 이러한 여건들이 충분히 주어졌음을 알고 그들을 대한다. 이때 비로소 피코치는 자기 경험을 개방하고 미래를 향해 나아가는 것이다. 코치는 코칭 스킬을 이용하여 피코치가 충분히 자신의 잠재력을 발휘하는 사람이 될 것이라는 믿음을 갖고 있다. 코치는 피코치의 이 같은 내재적인 감정을 이해하고 지지한다. 이 모든 내용은 결국 인간이라면 누구나 그 안에 숨은 잠재력이 있다는 것을 인정하는 코칭 철학에 기인한다.

해답을 찾기 위해서는 파트너가 필요하다

여기서 파트너라 함은 코치를 말한다. 코칭에서 '파트너'라는 말에는 필요한 쌍방 관계, 즉 서로를 위한 동반자라는 뜻이 담겨 있다. 이것은 현상에 관한 내용임과 동시에 인간관계에서의 소통을 의미한다. 또한 코칭은 혼자 하는 것이 아니라 상대방과 함께 하는 과정이라는 뜻이다. 코치는 피코치의 내부에 있는 해답을 이끌어낼 수 있도록 그를 지지하고 돕는 상호 동반 관계의 철학을 갖고 임한다.

해답이 사람 안에 있느냐, 또는 밖에 있느냐 하는 관점은 문제 해결 방법에 전혀 다른 방향을 제시한다. 만약 답이 밖에 있다면 이것은 권위 있는 전문가인 타인이 지적인 지식과 가르침, 지시, 명령 등으로 해결할 수밖에 없을 것이다. 그러나 해답이 그 사람 안에 있음을 확신한다면 어떻게 해야 할까? 그것은 누군가가 잠재된 의식을 수면 위로 끌어내주기만 하면 된다. 이 해답을 끌어 내줄 사람이 코치인 것이다.

코칭의 목적을 이루기 위한 파트너 과정은 원활한 커뮤니케이션 관계를 잘 맺는 과정이다. 코칭에서 쓰는 소통 스킬은 주로 질문과 경청이며, 거기에 전문적이고 기술적인 방법이 동원된다. 코치에게는 코칭의 방법적인 면이나 기술적인 면도 중요하지만 파트너와의 신뢰 관계 설정이 우선이다.

결론적으로 코칭에서 가장 우선하고 중요한 것은 이 코칭 철학이다. 코칭의 철학을 잘 이해하고 자신의 삶에 적용할 수 있어야 코칭이 가능하다.

모든 사람이 무한한 가능성을 가지고 있다고 생각하는가? 스포츠 지도자인 자신은 어떤가? 자신을 바라볼 때 무한한 잠재력을 가진 존재로 보아야 한다. 그래야 선수도 그렇게 볼 수 있다.

해답은 선수 안에 있다고 생각하는가? 내가 답을 주려고 하는 순간, 코칭을 할 수 없다. 선수 안에 해답이 있다는 것을 인정해야 한다. 내 생각으로 판단하고 뭔가 해결책을 제시하고 싶을 때 혹은 설득하려고 할 때 코칭은 어려워진다.

함께 성장하기 위해 파트너가 필요한가? 혼자서도 충분히 가능할 수 있다. 그러나 코치가 함께 있을 때 더 효과적일 수 있다.

이러한 코칭 철학으로 스포츠 지도자들이 선수들과 상호 작용을 할 때 가장 현저하게 변화가 나타나는 것이 대화 방식이다. 코칭 대화는 쌍방향형, 질문형의 특징을 갖는다. 문제가 있는 사람이 해답 또한 가장 잘 알고 있으므로 코치와 피코치의 대화는 쌍방향으로 이루어지게 된다.

특히 코치는 질문을 통해 피코치가 갖고 있는 해답을 끌어낼 수 있어야 한다. 코칭은 주어진 환경 속에서 코치와 피코치가 신뢰를 바탕으로 목표를 향해 나아가는 과정이다. '신뢰'는 코칭의 철학을 함축하고 있는 핵심 개념이라 할 수 있는데, 코치는 피코치의 가능성을 신뢰하고, 피코치는 자신의 가능성에 대한 신뢰는 물론 코칭을 통해 목표에 다다를 수 있다는 믿음을 갖는 것이 중요하다. 생각이 바뀌어야 행동이 바뀌고, 행동이 바뀌어야 성품이 바뀐다는 격언처럼, 스포츠 지도자가 선수들의 가능성을 신뢰할 때 제대로 된 코칭적 접근이 이루어질 수 있다.

스포츠학을 연구하는 국내 학자들의 연구 결과에서도 스포츠 지도자들의 코칭 방식이 선수의 심리적 욕구나 소진에 영향을 미치며, 동기유발에도 영향을 미치는 것으로 보고되고 있다. 따라서 현장의 스포츠 지도자들이 코칭 철학을 바탕으로 선수들과의 신뢰 관계를 통해 그들을 격려하고 지도한다면 그들의 성장과 발전은 물론이고 지도자 또한 존경받는 리더로 성장할 수 있을 것이다.

질문 스킬

질문은 상대와 함께하면서 스스로 성장할 수 있는 에너지와 행동 계획을 세울 동기를 유발한다. 질문을 통해 내면의 충분한 자원과 역량을 발견하고 새로운 에너지를 충전할 수 있는 기회를 제공한다.

사람들은 말을 할 때 두 가지 방식 중 하나를 선택한다. 바로 서술 방식과 질문 방식이다. 질문을 하면 어떤 감정 상태에 대해 좀 더 깊이 탐구하거나 주변을 변화시키는 계기가 마련되기도 한다. 질문을 하려면 아는 것이 있어야 하고, 관심이 많아서 평소 그 분야에 대해 많은 생각을 하기 때문이다.

또한 다른 사람에게 질문을 할 용기가 필요하다. 질문은 상대방이 스스로 생각하고 계획하게 하며, 행동을 결단하게 하는 기술이다. 코칭의 성과는 질문에 의해 나타난다고 해도 과언이 아니다. 질문은 피코치가 주도성을 띠는 시간이다. 코치의 질문에 의해 코칭의 진행 방향이 정해진다. 코치는 질문을 잘하기 위해 질문 스킬을 익혀야 하지만 경청 스킬도 중요하다. 경청 스킬이 질문의 품격을 결정하기 때문이다.

선수의 자각과 책임을 일깨우는 가장 좋은 수단은 질문이다. 스포츠 지도자들이 기존의 질문들로 선수들을 일깨울 수 있다면 아무 문제가 없을 것이다. 그러나 현실은 그렇지 못하기 때문에 여러 유형의 질문이 어떤 효과를 내는지 검토할 필요가 있다.

운동 경기를 예로 들어보자. 구기종목 선수들이 가장 많이 듣는 말은 "공에서 눈을 떼지 말라"는 것이다. 물론 공을 지켜보는 것은 대단히 중요하지만 그렇게 명령한다고 해서 실제로 그렇게 될까? 안 될 것이다. 그렇게 된다면 우리는 운동을 훨씬 더 잘할 수 있을 것이다.

골프의 경우 편안한 상태에서 공을 쳐야 공이 직선으로 멀리 날아간다는 사실을 골프를 하는 사람이라면 누구나 알고 있다. 그렇다면 몸에서 힘을 빼라고 명령하면 힘을 뺄 수 있을까? 아마 몸은 더욱 굳을 것이다.

'하라'고 명령해서는 결코 원하는 결과를 얻지 못한다. 그렇다면 어떻게 해야 할까? 질문에 대해 검토해보자.

- "공을 보고 있는가?" 사람들이 이 질문에 어떻게 답할 것 같은가? 방어적으로 대답하고 아마 거짓말을 할지도 모른다. 과거 학창 시절에 선생님이 주목하라고 했을 때처럼 말이다.
- "왜 공을 보지 않는가?" 더욱 방어적으로 대답하거나 아니면 자신이 정말 공을 보고 있는지 분석할 것이다. "보고 있습니다", "모르겠습니다", "그립에 신경 쓰고 있습니다" 혹은 사실대로 "당신 때문에 주의가 산만하고 신경이 쓰입니다" 라고 말할 수도 있을 것이다.

이러한 예들은 효과적인 질문이 될 수 없다.

- "공이 들어올 때 어떤 식으로 회전하는가?"
- "이번 공이 바운드되고 나서 볼 스핀이 빨라졌는가, 느려졌는가?"

- "공의 스핀 방향을 처음 알았을 때, 그 공은 상대에게서 어느 정도 떨어져 있었는가?"

이 질문들은 성격이 완전히 다르다. 다른 질문들과 달리 네 가지 중요한 의미를 갖고 있다.

- 질문은 선수가 공을 주시하게 한다. 만일 선수가 공을 주시하지 않는다면 이 질문에 대답하지 못할 것이다.
- 선수는 질문에 정확하게 대답하기 위해 보통 때보다 더 집중할 것이다.
- 답은 판단하는 형식이 아니라 서술하는 형식이므로 자기비판에 빠지거나 자존의식을 손상할 위험이 없다.
- 선수의 답이 정확한지 검증할 수 있는, 즉 질문의 질을 검증할 수 있는 코치의 피드백이 준비되어 있다.

이 질문들을 보면 왜 스포츠 지도자들이 "공에서 눈을 떼지 말라"는 효과도 없는 명령을 하는지 의문이 들 것이다. 아마 두 가지 이유 때문일 것이다. 첫째, 그들은 명령이 효과가 있는지 없는지 생각해보지 않았을 것이다. 둘째, 그들은 명령의 효과보다는 명령 그 자체에 관심이 많을 것이다.

자각과 책임감의 생성, 그리고 그러한 효과를 만들어내기 위해서는 무엇을 말하거나 해야 하는지 알아야 한다. 원하는 것을 요구해봐야 소용없는 일이다. 효과적인 질문을 해야 한다.

질문은 보통 정보를 얻어내기 위해 한다. 우리는 자신의 문제를 해결하기 위해 혹은 누군가에게 조언이나 해결 방안을 제시하기 위해 정보를 요청한다. 그러나 우리가 코치라면 대답으로 정보를 얻는 것은 부차적이다. 정보는 내가 사용하는 것이 아니며, 정보가 반드시 완전할 필요도 없다. 피코치가 필요한 정보를 갖고 있다는 사실을 알기만 하면 된다. 피코치의 대답은 종종 코치에게 다음 질문의 방향을 알려준다. 아울러 피코치가 생산적인 방향으로 가고 있는지 혹은 개인의 목적이나 팀의 목표와 일치하는 방향으로 가고 있는지 알 수 있게 해준다.

열린 질문
서술적 대답을 요구하는 열린 질문은 자각을 불러일으키지만 닫힌 질문은 오로지 정확성만을 요구한다. '예' 또는 '아니요'라는 대답은 더 구체적인 탐구의 기회를 봉쇄한다. 생각할 기회를 막아버리는 것이다. 코칭 과정에서 자각과 책임감을 생성시키는 데는 열린 질문이 효과적이다.

유도 질문

유능하지 못한 코치들은 자신의 생각을 주입하려는 의도로 질문을 한다. 이것은 코치가 자신의 역할을 잘 모르고 있다는 의미다. 유도 질문을 하면 피코치가 곧 알아채고, 이내 코칭의 신뢰와 가치는 떨어진다. 피코치를 자기가 의도하는 방향으로 끌고 가기보다는 제안을 하는 것이 좋다. '왜 그렇게 했나?'라는 식의 비난하는 듯한 질문 역시 피해야 한다.

Why 질문

자각과 책임감을 생성시키는 가장 효과적인 질문은 양을 정하거나 사실적 자료를 수집하는 단어, 즉 누가, 언제, 무엇을, 얼마나 같은 의문사로 시작한다. '왜'는 종종 비난의 의미를 함축하고 있어서 방어적인 대답을 초래하기 때문에 피하는 것이 좋다. '왜'와 '어떻게'는 양이 정해지지 않는다면 분석적 사고를 유도하여 역효과를 가져올 수 있다.

분석(사고)과 자각(관찰)은 함께 사용해서는 효과를 극대화할 수 없는 상반된 정신 작용이다. 정확한 사실 보고가 요구된다면 그 의미 분석은 잠시 유보해야 한다. 만일 그런 질문을 해야 한다면 '왜'로 시작하는 질문은 "…해야 하는 이유가 무엇인가?"라는 식으로, '어떻게'로 시작하는 질문은 "…단계는 무엇인가?"라는 식으로 표현하는 것이 좋다. 이러한 질문이 보다 구체적이고 사실적인 대답을 유도한다.

사각지대

운동선수들은 이 원칙을 신체에 적용하는 데 관심이 있을 것이다. 골프나 테니스 코치는 선수에게 스윙이나 스트로크의 어느 부분이 가장 어렵게 느껴지는지, 혹은 어려운 것으로 인식되는지 질문할 것이다. 대개 '사각지대'에 동작의 부자연스러움이

나 결함이 숨어 있다. 코치가 이 사각지대에서 더 많은 자각을 불러올 때 선수는 코치의 기술적 도움에 의존하지 않고도 감각을 회복하고 동작을 자연스럽게 고칠 것이다. 자각은 여러 가지 치료적 속성을 가지고 있다.

경청 스킬

의사소통에서 가장 기본이 되는 것이 경청이다. 무엇을 어떻게 듣는지에 따라 무엇을 어떻게 전달하는지가 달라지기 때문이다. 소통할 수 있는 내용과 방식이 공유되지 않으면 그 소통은 단절된다. 이 때문에 의사소통의 가장 기초가 되는 듣는 기술을 키우는 것이다.

인간의 동기 가운데 이해받고자 하는 욕구만큼 강렬한 것도 없다. 내 말에 귀를 기울인다는 것은 상대가 나를 진지하게 받아들이고 생각과 감정을 알아주며, 무엇보다 내 말을 중요하게 여긴다는 뜻이다. 이렇게 마음과 생각이 맞았다면 경청을 통해 발전적 상호 작용을 이끌어낼 수 있다. 경청은 상대의 말을 잘 들음으로써 그 말 뒤에 숨은 의도나 실제적인 관점, 이야기 속에 들어 있는 사실들을 인지하기 위해 전후 관계의 실마리를 놓치지 않고 문맥의 내용을 이해하는 것이다. 경청을 통해 피코치의 현재 욕구를 제대로 이해하고 상대로 하여금 존중받고 있다는 느낌을 갖게 할 수 있다.

코치는 피코치의 대답에 집중해야 한다. 그렇지 않으면 신뢰를 잃게 된다. 게다가 다음에 해야 할 최선의 질문을 찾지 못할 것이다. 질문과 대답은 자연스럽게 이루어져야 한다. 피코치가 대답하기도 전에 마음속으로 다음 질문을 생각하면 대화의 흐름이 부자연스러워지고 피코치의 관심을 따라가지 못하게 된다. 피코치가 말하고 있는데 다음 질문을 생각한다면 상대는 코치가 자신의 말을 듣지 않고 있다고 느끼게 된다. 이야기를 끝까지 듣고 필요하면 다음 질문이 떠오를 동안 잠시 말을 멈추는 것이 좋다.

사실, 대부분의 사람들은 다른 사람의 말을 듣는 것에 익숙하지 않다. 학교에서는 다른 사람의 말을 경청해야 한다고 배우지만 경청에 대한 훈련도, 코칭도 받지 못했다. 경청은 집중과 실천을 필요로 하는 기술이다. 입은 하나이고 귀는 2개이기 때문에 한 번 말하고 두 번 들어야 한다고 한다. 아마 코치가 배워야 할 가장 어려운 일은 입을 다물고 있는 것일지도 모른다.

우리는 무엇을 듣고 무엇에 귀를 기울이는가? 피코치의 목소리는 감정이 담겨 있으므로 주의해서 들어야 한다. 목소리가 단조롭다면 기존의 생각을 다시 말하는 것이며, 활기 띤 음성은 뭔가를 깨달았다는 표시다. 피코치가 선택하는 단어에도 의미가 담겨 있다. 부정적인 단어의 사용 빈도가 높거나, 갑자기 격식을 차린 어조를 선택하거나, 유치한 말을 사용한다면 코치가 상황을 이해하고 효과적으로 코칭하는 데 도움이 될 수 있는 숨겨진 의미가 있다고 봐야 한다.

그러나 귀로 듣는 것에 그쳐서는 안 된다. 피코치의 보디랭귀지에도 주의를 기울여야 한다. 단순한 관찰이 아니라 질문의 선택에도 도움을 받기 위해서다. 피코치가 코칭 방향에 대해 관심이 높으면 상체를 앞으로 기울일 것이다. 대답에 자신이 없거나 미심쩍은 부분이 있다면 손으로 입을 살짝 가리면서 말을 할 수도 있다. 팔짱을 끼는 것은 종종 거부나 반대 의사를 나타내며,

상체의 자세가 자연스러우면 수용적이고 신축적인 태도로 볼수 있다.

그 외에도 수많은 보디랭귀지의 여러 측면들이 있지만 전부 살펴볼 수는 없으므로 아쉽지만 한 가지 팁만 소개하겠다. 피코치의 말과 몸짓이 다를 경우 몸짓, 즉 보디랭귀지를 그의 진의로 받아들이라는 것이다. 대체로 몸짓이 감정을 더 솔직하게 드러내는 경우가 많기 때문이다.

귀를 기울이고, 주시하고, 이해하는 모든 것이 코칭에 포함된다. 코치는 항상 자신이 무엇을 알고 있는지 자각해야 한다. 코치는 아무리 분명한 사실이라고 판단되어도 적절한 때에 한 번씩 피코치에게 들은 것을 정리해서 다시 들려주고 요약해주는 것이 좋다. 그렇게 함으로써 피코치의 뜻을 재차 정확하게 이해할 수 있으며, 코치가 대화 내용을 제대로 듣고 이해하고 있다는 것을 피코치로 하여금 믿게 할 수 있다. 이와 함께 대화 내용의 진실성을 다시 한 번 확인시켜주는 효과도 있다. 코칭을 할 때는 누군가가 그 내용이나 과정을 기록해야 하는데, 이는 코치와 피코치가 합의하여 결정한다. 나는 피코치가 자유롭게 생각할 수 있도록 내가 직접 기록한다.

스티븐 코비는 다음과 같이 경청을 무시하기, 듣는 척하기, 선택적으로 듣기, 귀 기울여 듣기, 공감적 경청의 5단계로 나누었다.

(1) 1단계: 무시하기

상대방의 이야기를 무시하는 단계로, 화자話者는 이야기를 하고 있지만 청자聽者에게 전달되는 내용은 하나도 없다. 이 단계에서 청자는 대화 자체를 무시하는 행동을 한다. 듣는다고 할 수도 없다.

(2) 2단계: 듣는 척하기

상대방의 이야기를 단지 겉으로 듣는 척하는 단계로, 청자는 듣고 있는 듯한 태도를 취하지만 자신만의 생각에 빠져 있어서 이야기의 내용이 전달되지 않는다. 화자는 청자의 그런 이중적인 태도를 느낄 수 있기 때문에 계속 이야기를 해야 할지 갈등하며 불편함을 느끼게 된다.

(3) 3단계: 선택적으로 듣기

이 단계는 청자가 듣고는 있다. 그러나 화자의 메시지 전체에 집중하기보다는 자기가 듣고 싶은 내용을 선택적으로 듣는 단계다. 커뮤니케이션이 완료되면 화자의 전달 내용과 청자의 들은 내용에 차이가 발생하게 된다. 메시지의 의미를 오해하거나 일부 메시지는 기억하지 못하기 때문에 화자로부터 "내 말을 듣기는 했나요?", "당신은 듣고 싶은 이야기만 듣는군요!", "제 말은 그런 의미가 아니에요" 등의 반응을 초래한다.

(4) 4단계: 귀 기울여 듣기

4단계는 청자가 화자의 이야기에 충분히 귀를 기울여 그가 어떤 이야기를 하는지 내용에 집중하면서 듣는 단계다. 그만큼 청자는 화자의 이야기를 잘 이해할 수 있으며, 화자도 청자가 자신의 이야기를 잘 듣고 있다고 느낄 수 있다. 비교적 바람직한 듣기 단계다. 실제 커뮤니케이션 상황에서는 4단계의 귀 기울여 듣기를 실천하기도 어려울 때가 많다. 또 귀 기울여 듣는 것만으로는 충분하지도 않다.

⑸ 5단계: 공감적 경청

공감적 경청은 4단계를 넘어, 즉 이야기 내용에 집중하면서 듣는 것을 넘어 화자가 어떤 느낌으로 이야기하는지, 왜 그런 이야기를 하는지, 그리고 무엇을 원하는지 등을 추측하고, 더불어 청자가 이해한 내용을 화자에게 이야기하여 확인하면서 듣는 단계다. 즉, 공감적 경청은 화자가 하는 말의 이면에 숨겨진 의미도 이해하려고 노력하는 단계다. 따라서 화자는 충분히 이해받고 있다는 기분을 느끼면서 마음을 열고 커뮤니케이션에 참여하게 된다.

코칭에서 경청 스킬의 원리

효과적인 코칭을 위해서는 상대방의 이야기에 적절히 공감하고 반응해야 한다. 공감과 반응은 말하는 이의 이야기를 진심으로 경청하고 있다는 것을 확인시켜주는 신호이기 때문이다. 아무리 집중해서 듣고 있어도 적절한 공감과 반응을 보이지 않으면 상대방은 자신의 의사가 제대로 전달되고 있다는 느낌을 충분히 받지 못한다. 이야기의 내용을 정확하게 파악하기 위해서는 오히려 적절히 공감하고 반응하면서 상대방이 좀 더 효과적으로 이야기할 수 있도록 배려하는 것이 중요하다. 그리고 무엇보다 경청을 위해서는 상대방이 스스로 해결할 능력이 있다는 사실에 깊은 신뢰감을 가져야 하며, 상대방이 표현하는 감정을 진지하게 받아들일 수 있어야 한다.

코치는 피코치가 하는 말과 행동을 통해 그의 비전과 가치관에 대한 열정, 그리고 목적에 대해 듣는다. 이렇게 경청하는 것은 무엇인가를 찾기 위한 과정이다. 코치는 의식적으로 목적의식을 가지고 집중력을 최대치로 올려 피코치의 모든 것에 대해 들어야 한다.

에노모토는 경청을 귀로 듣는 단계, 입으로 듣는 단계, 마음으로 듣는 단계의 3단계로 나누어 설명하고 있다.

(1) 귀로 듣는다

피코치의 이야기를 듣기 위해서는 먼저 귀를 열어야 한다. 귀를 막고 이야기를 들을 수는 없기 때문이다. 피코치를 향해 귀가 열려 있다는 것은 그의 입에서 나오는 말이 귀로 전달된다는 뜻이다. 이것은 귀로 들어오는 피코치의 말을 단지 수동적으로 듣는 것을 뜻한다.

⑵ 입으로 듣는다

이것은 피코치의 이야기를 단지 수동적으로 듣는 것이 아니라 질문을 사용하여 보다 적극적으로 듣는 것을 의미한다. 피코치의 이야기를 들을 때 그저 침묵으로 일관하여 귀로만 듣는 것이 아니라 이야기 도중에 적당한 시점을 포착하여 적절한 질문을 던짐으로써 코치가 상대방의 이야기를 신중하게 듣고 있음을 표현하는 것이다. 이로써 피코치는 코치가 자신의 이야기를 경청하고 있음을 알게 되고, 따라서 보다 편안한 마음으로 하고 싶은 이야기를 다 할 수 있다.

⑶ 마음으로 듣는다

마음으로 듣는 것이 가장 이상적인 방법이다. 코치는 귀와 입, 그리고 마음을 총동원하여 상대방의 이야기를 경청해야 한다. 이것은 상대방이 본래 가지고 있는 능력이나 잠재력을 최대한 발휘하여 스스로 자신의 문제를 해결하도록 돕겠다는 의지를 갖고 듣는 것을 뜻한다. 코치는 피코치가 자신의 힘만으로 충분히 해답을 찾을 수 있다고 믿으며, 따라서 코치는 피코치가 스스로 그 해답을 찾도록 효과적으로 지원할 뿐이다. 이를 위해 가장 중요한 것은 마음을 열고 진심으로 이야기를 들어주는 것이다. 이것이 바로 상대방의 이야기를 마음으로 듣는 것이다.

이와 같이 일반적인 '듣기'가 상대방의 말에만 초점을 맞추는 데 비해 코칭에서 말하는 경청은 상대방의 말은 물론 사실과 감정의 구분, 그리고 표정에 숨어 있는 의미까지도 함께 읽는 것이다.

피드백 스킬

피드백은 겉으로 보기에는 단순한 개념이다. 그러나 수많은 요인이 그 효과를 극대화하는 경향이 있다. 오브리 다니엘Aubrey C. Daniels과 제임스 다니엘James E. Daniels은 피드백의 효과를 높여주는 열 가지를 다음과 같이 제시했다.

① 구체적인 정보

② 수행자가 통제할 수 있는 수행에 대한 정보

③ 수행하는 동안, 혹은 수행 즉시 제공되는 정보

④ 개인적 피드백

⑤ 가능할 경우 자기관찰 방법 사용

⑥ 자기관찰이 불가능할 경우 관리 및 감독하는 사람이 제공

⑦ 향상에 초점 맞추기

⑧ 쉽게 이해될 수 있는 피드백

⑨ 그래프화된 피드백

⑩ 강화에 대한 선행자극으로서의 피드백

구체적인 기본 정보를 주어라

여기서 구체적이라 함은 수행자가 그래프를 볼 때 정확하게 어떤 행동을 바꾸어야 하는지 알 수 있다는 것을 의미한다. 단순히 '좋다', '싫다'와 같은 피드백의 경우 행동을 개선하기 위해 무엇을 해야 할지 모르기 때문에 바람직한 피드백으로 볼 수 없다. 비디오 분석이나 측정된 데이터를 활용할 경우 특정 측면에 대한 자료가 나오면 사람들은 어떤 행동을 해야 하는지 알게 된다. 그리고 피드백을 계획할 때는 수행자들이 수치가 올라가거나 내려감에 따라 무엇을 해야 할지 알고 있는가를 확인해보는 것도 필요하다.

수행자가 통제할 수 있는 피드백을 주어라

이 특성에는 두 가지 측면이 있다. 우선, 수행은 수행자 자신이 통제할 수 있어야 한다. 이 원리는 당연해 보이지만 의외로 자주 시행착오를 일으키는 것 중 하나다. 단체경기를 앞둔 선수들을 예로 들어보자. 그들은 체지방을 줄여야 한다. 팀 체지방을 나타내는 그래프가 벽에 붙고 모두가 체지방 수치를 줄이기 위해 노력했다. 첫 달은 모두가 실망했다. 무엇을 잘못한 걸까? 아무것도 잘못한 것이 없다. 그들은 잘못이 없다. 식당에 새로 부임한 영양사가 식단을 짜면서 칼로리를 잘못 입력했기 때문이다. 이 문제는 계획대로 시행되는 정기적인 식단에 대한 피드백을 통해 해결되었다.

통제의 또 다른 측면은 그 사람이 수행력을 향상시킬 만한 지식과 기술이 있는지의 여부다. 만일 훈련되어 있지 않거나 엉망으로 훈련되어 있다면 아무리 수행이 수행자의 통제하에 놓여 있다 하더라도 피드백이 효과적일 수 없다. 이는 수행자가 '하지 않는 것'이 아니라 '할 수 없는 것'의 예가 된다.

즉각적인 피드백을 하라

피드백은 빠르면 빠를수록 좋다. 매시간 주는 피드백이 매주 주는 피드백보다 행동을 바꿀 기회를 더 많이 준다. 예를 들어 당신이 다이어트를 한다고 가정해보자. 체중을 매일 측정하는 것과 일주일에 한 번씩 측정하는 것 중 어떤 것이 효과적이겠는가? 그런데도 수행 이후의 피드백 제공 시간이 일상적으로 지연되는 경향이 상당히 많다. 대부분의 조직에서 일일 단위의 피드백은 찾아보기 어려우며, 심지어 월 단위의 피드백을 제공하는 조직조차도 찾아보기 힘들다.

개인적으로 피드백을 하라

피드백은 개인의 수행을 근거로 할 때 가장 유용하다. 개별적인 피드백을 받을 때 효과적인 피드백의 많은 다른 특성이 쉽게 충족된다. 즉, 개인의 수행에 관한 피드백은 좀 더 구체적이고 수행자의 통제하에 있으며 자기 관찰이 가능한 만큼 즉각적이고 쉽게 이해될 수 있다.

만약 개인적인 측정이 어렵다면 가장 작은 집단을 상대로 피드백을 주는 것이 바람직하다. 열 사람이 한 팀으로 운영되는 경기라면 피드백은 팀 수행에 관한 것이어야 한다. 두 사람이 한 팀이 되는 경우, 각자의 수행에 대해 측정하는 것이 불가능하다면 그 팀의 진행 사항에 대해 피드백을 주어야 한다.

개별피드백을 줄 수 있는 상황이라면 집단피드백도 같이 주어야 한다. 팀별, 조별, 영역별 피드백은 물론이고 팀별 피드백을 개인 피드백과 함께 제공하는 것도 좋다. 집단피드백은 개인피드백 이상으로 강화 제공의 기회를 높여준다. 집단피드백에서는 감독자, 관리자, 동료, 심지어 방문자들까지 강화 시스템의 일부가 될 수 있다. 다시 말해서 항상 가능할 때마다 개인피드백과 집단피드백을 모두 주어야 한다는 것이다. 피드백 제공에서 가장 중요한 규칙은, 개인피드백의 경우 개인적으로 제공되어야 하며, 집단피드백은 공개적으로 게시하는 것이 효과적이라는 점이다.

스스로 자신의 수행을 관찰하도록 고무시켜라

스스로 수행을 측정하는 것이 가능한 상황에서는 개인에게 즉각적으로 피드백이 올 수 있다. 그렇게 즉각적인 피드백을 받음으로써 수행이 바람직한 수준에서 너무 많이 벗어나기 전에 스스로 통제할 수 있다. 또한 수행자가 자기 수행에 대한 자료를 직접 수집하게 되면 피드백 제공의 즉각성이 더욱 확실해질 수 있다. 만약 누군가가 다른 피드백을 주고 그것에 의존하게 되면 그 피드백은 즉각적이지 못한 경우가 대부분이다. 수행자가 스스로 제공하는 피드백이 관리자가 제공하는 피드백보다 더 낳은 결과를 가져올 수도 있다.

자기관찰의 단점은 스스로 자료를 위조할 수 있다는 것이다. 또 자신이 모아놓은 자료를 책임자가 본다는 것을 알기 때문에 좋은 정보만 기록할 수도 있다. 만약 자료를 위조한다면 그것은 과거에 자료가 주로 처벌 목적으로 사용되었다는 것을 의미한다. 수행자가 그런 경험을 갖고 있다면 자기관찰과 함께 피드백을 주는 방법은 버리는 것이 좋다.

자기관찰이 불가능하면 책임자가 피드백을 모아서 전달하라

자기관찰을 통해 피드백을 줄 수 없다면 책임자의 위치에 있는 사람이 관찰 결과를 토대로 피드백을 해야 한다. 책임자는 상사가 될 수도 있고, 팀이나 집단의 리더, 교사, 코치, 부모가 될 수도 있다. 피드백은 관리자나 감독자의 주요 책임 중 하나로서 다른 사람에게 위임할 일이 아니다. 자기관찰이 불가능할 때 책임자의 위치에 있는 사람이 관찰 자료를 모아서 피드백을 해야 하는 이유는 다음과 같다.

첫째, 관리자나 감독자가 피드백을 위해 관찰하고 기록하는 일에 시간을 투자할 때 그만큼 중요한 정보라는 메시지를 전달하게 된다.

둘째, 관리자나 감독자가 피드백을 전달하면 수행자는 책임자가 자신이 어떻게 수행하고 있는지 알고 있다는 것을 인지하게 된다.

셋째, 관리자나 감독자가 피드백을 전달하기 위해 자료를 직접 그래프로 그린다면 그 과정을 통해 그들 자신도 많은 것을 배울 수 있다.

넷째, 관리자나 감독자가 자료를 직접 기록하면 다른 사람이 기록할 때보다 수행자에게 강화를 제공할 기회가 더 많아진다.

향상에 중점을 두어라

일반적인 피드백은 능숙하지 못한 부분에 관한 것들이 주를 이룬다. 누군가가 당신에게 '몇 가지 피드백을 주겠다'고 말할 때 대부분은 장점에 대해 말할 것이라고 기대하지 않는다. 보통 이런 경우는 거의 대부분이 개선하거나 중단해야 할 부정적인 것에 대한 충고들이 많다. 이를테면 실패와 나쁜 습관을 지적하는 것이다.

많은 조직에서 수행에 관한 자료로 불량률, 실수, 착오, 사고, 결근 등을 기록한다. 그보다는 달성률, 모범적인 일 처리, 우수 사례, 근무 일수 등에 대해 피드백을 주는 것이 훨씬 효과적인데 말이다. 즉, 문제점을 드러내는 행동보다 해결점을 찾는 행동들에 중점을 두는 것이 효과적이다.

부정적인 피드백은 바람직하지 않은 행동을 줄이려는 의도와 연결되기 때문에 자연스럽게 처벌이나 징계의 조건이 될 수 있다. 반면 원하는 행동에 초점을 맞추고 바람직한 행동을 찾아내려면 그 원하는 행동을 자세히 관찰하게 되므로 긍정적 강화를 더 많이 제공하게 된다.

쉽게 이해할 수 있는 피드백을 제공하라

이해되지 않는 피드백은 피드백이 아니다. 만약 수행자가 피드백을 이해하지 못하면 개선이나 향상을 위해 무엇을 해야 할지 모를 것이다. 피드백 제공자는 피드백을 받는 사람도 그것을 이해했는지 반드시 확인해야 한다.

최소한 시작할 때만큼은 리더나 관리자들이 직접 피드백을 주는 것이 좋다. 이 방법은 피드백에 대한 반응을 볼 수 있고 그 자료를 이해하는지 물어볼 수 있다는 장점이 있다. 또한 수행자가 자신은 물론 다른 사람에게도 자료를 설명함으로써 수행력 향상을 위해 무엇을 해야 하는지 판단할 수도 있다. 수행자가 자신만의 피드백 형태를 만들도록 지도하는 것도 피드백을 확실하게 이해할 수 있는 또 다른 방법이 될 수 있다.

그래프 형태의 피드백

피드백은 그래프 형태로 제공하는 것이 가장 좋은 방법이다. 그래프는 피드백이 가지고 있는 정보 이상의 추가적인 강화의 기회를 만들어주기 때문이다.

앞서 피드백만으로는 강화 요인이 될 수 없다는 점을 강조한 바 있다. 피드백은 강화에 대한 선행자극의 역할을 하며 사람들끼리 서로 강화해줄 기회를 제공한다. 그리고 스스로에 대한 강화도 가능하게 한다. 다시 말해서 그래프는 강화의 피드백의 효과를 확장시켜준다.

팀의 수행력을 나타내는 그래프가 점차 향상되면 보통 팀 구성원들은 그 수행에 대해 서로 이야기를 나누고 자부심, 만족감, 성취감 등을 느낀다. 즉, 향상 중인 흐름을 보는 것은 강화에 대한 강력한 선행조건이 될 수 있다. 그리고 팀의 향상에 대한 강화를 하게 되면 그래프를 통한 개인피드백은 훨씬 더 효과적이 된다.

수행력이 향상되는 것과 목표에 점점 가까이 다가가는 것은 대부분의 사람에게는 중요한 강화 요인이다. 하지만 그 정보가 숫자나 표로 제시될 때에는 향상된 정도가 시각적으로 잘 나타나지 않는다. 피드백은 수행자가 무엇을 해야 하는지 알려주는 정보다. 그런 면에서 그래프는 효과적인 정보를 제공하는 피드백의 이상적인 형태다.

피드백은 강화에 대한 선행자극이 되어야 한다

이 사실은 아무리 강조해도 지나치지 않는다. 강화 없이 주어지는 피드백은 최고의 환경에 있다 하더라도 결국 수행을 유지시키고 향상시킬 만한 능력을 잃어버리게 된다. 따라서 피드백을 주기 전에 향상에 대한 강화를 계획하지 않으면 이끌어낼 수 있는 향상 가능성은 크지 않다. 최적의 수행을 달성하는 가장 효과적인 방법은 의미 있는 강화와, 이와 결부된 의미 있는 피드백을 사용하는 것이다.

앞서 다양한 분야의 사례를 통해 효과적인 피드백의 방법에 대해 살펴보았다. 스포츠에서도 피드백은 무척 중요한 역할을 한다. 골프에서 공을 잘못 치면 경기장을 벗어난다. 그런데 그것이 전부일까? 아마추어 골퍼가 골프 연습장에서 중거리에 있는 깃발을 향해 공을 날리는 모습을 상상해보자. 롱 아이언으로 스윙을 하여 공을 깃발 가까이로 보내려 했으나 깃발까지의 거리를 확신하지 못한 데다가 공의 궤도에 집중하지도 못해 빗나가고 말았다. 더 큰 문제는 골퍼가 골프채 잡는 법, 배열, 스피드 중 무엇이 잘못되어 공이 빗나갔는지 전혀 감을 못 잡고 있는 것이다. 담당 코치로부터 피드백을 받았지만 별로 유익한 내용은 아니었다.

이번에는 프로 골퍼가 깃발을 향해 공을 날리는 모습을 상상해보자. 깃발까지의 거리를 정확히 알기에 너무 세게 치거나 약하게 친 다음에는 바로 힘을 재조절할 수 있다. 이 프로 골퍼의 경우 기술을 일관성 있게 구사할 수 있어서 자세, 힘 조절, 스윙과 같은 타격의 각 측면이 결과에 어떤 영향을 미치는지 바로 알 수 있다. 즉, 해당 샷에서 무엇이 잘못되었는지 즉각 파악할 수 있다. 이 선수에게도 피드백을 주는 코치가 있다. 코치는 선수를 끊임없이 격려하면서 그의 집중도를 평가하고, 그가 미처 깨닫지 못한 기술상의 작은 문제점들을 세심하게 살펴 즉각 피드백을 넣는다. 선수에게 부족한 점을 객관적인 시각으로 파악하는 것이다. 필드 훈련이 끝나면 선수는 녹화한 동영상을 보며 제3자의 관점에서 코치와 토론한다. 그 결과 다른 관점에서의 피드백을 얻을 수 있다.

이제 아마추어 선수가 라운딩하는 장면을 상상해보자. 아마추어 선수는 18홀을 돌면서 페어웨이나 그린의 가장자리에서 공을 친다. 열심히 집중하며 경험을 통해 배우려고 애쓴다. 프로 선수의 라운드도 별반 다를 게 없다. 18홀을 돌면서 공을 친다. 그러나 프로 선수는 각 샷에서 하나의 공만을 치는 것이 아니라 여러 개를 친다. 그러면서 샷을 의도했던 방향과 비교하며 세심히 살핀다. 어렵거나 특이한 샷을 발견하면 6~7개의 공을 치기도 한다. 이러한 연습은 대회에서 비슷한 상황을 접했을 때 유용한 피드백을 제공할 것이다.

피드백 또한 티칭의 형태가 아닌 코칭의 방식을 적용할 수 있다. 예를 들어 아마추어든 프로 선수들이든 레슨 과정에서 특정 동작이나 경기 상황에 대해 즉각적인 정보를 제공하는 것이 아니라 다음과 같은 질문들을 통해 스스로 자각하게 하는 것이다.

· 다음 홀을 어떻게 공략할 것인가?
· 이번 홀에서 얻은 것이 있다면 무엇인가?
· 무엇을 개선하면 드라이버 샷이 지금보다 나아지겠는가?

코칭은
스킬로 완성된다

보통 '역량'이라고 하면 지식, 스킬, 태도와 함께 내적 특성, 동기부여 등을 의미한다. 이러한 요소들 중에서도 '스킬'은 성과를 내는 데 80% 정도를 차지한다는 것이 학자들의 연구 결과다.

스킬은 지식과 달라서 반복적인 훈련 과정을 통해 습득해야 하는 특성이 있다. 스포츠 지도자들이 선수나 훈련 대상자들을 반복적으로 훈련시키는 이유는 무엇일까? 운동을 지식만으로 할 수 없는 것처럼 코칭도 지식만으로 할 수 없다.

전인적 접근법인 코칭의 주요 스킬인 경청, 질문, 피드백, 인정, 지지와 같은 기술은 책을 읽거나 강의를 듣고 할 수 있는 일이 아니다. 유학을 하고 원서를 읽는다고 되는 것도 아니다. 반복 숙달을 통해 자연스럽게 체득하는 길뿐이다.

많은 스포츠 리더들이 선수들을 트레이닝하고 코칭한다고 하면서 정작 자신들은 코칭 스킬을 훈련하지 않으니 참 아이러니하다. 한국체육대학교 조욱상 교수는 자신의 논문 〈코칭 교육학 Coaching Pedagogy의 개념과 전문 코치 교육〉을 통해 전문 코치 교육의 역량 개선안을 다음과 같이 제시하고 있다.

"현직 코치들로 하여금 '지속적인 전문성 개발continuous professional development, CPD'의 필요성을 경험할 수 있도록 하는 제도적 장치가 마련되어야 한다. 최근 코치교육 연구자들은 코치의 전문성을 함양하기 위해 지속적인 전문성 개발 프로그램의 적용을 시도하고 있다. 이 같은 시도는 일회성으로 실시되는 세미나 형식의 직무 교육으로는 역부족이라는 선행 연구들의 결과와 무관하지 않다. 이러한 교훈을 거울삼아 주기적인 직무 교육이 가능할 수 있도록 제도적 장치를 마련하고 교육 내용을 다양화할 필요가 있다. CPD의 도입은 교육 시간의 확대를 의미하기 때문에 과거 이론 교육에 치중했던 코치 교육 방식을 바꿔 확대된 교육 시간을 활용해 코칭 현실을 체험하고 학습한 이론을 적용할 기회를 제공하는 교육으로 변환하는 데 도움이 될 것이다."

논문을 통해서도 알 수 있듯이 결국 반성과 성찰도 중요하지만 새로운 코칭 방식에 대한 지속적인 교육과 훈련이 관건이다. 코칭은 이론만으로 설명될 수 없는 그 이상의 것이다.

한때 코치진의 폭력과 관계된 보도들이 연일 스포츠 면을 장식했다. 심지어 '얼음왕국'이라는 신조어가 등장하기도 했다. 이와는 대조적으로 베트남 축구 국가대표팀을 이끌고 있는 박항서 감독의 '파파 리더십'은 베트남 국민을 하나로 이어주고 열광하게 만들었다. 뿐만 아니라 다친 선수들의 발을 마사지해주고 허리를 다친 선수에게 비즈니스석을 양보하는 모습은 베트남 온 국민으로부터 존경심을 불러일으키며 한국과 베트남의 불편했던 관계에 새로운 전기를 만드는 계기로 작용하고 있다. 한 사람의 스포츠 지도자의 영향력치고는 참 대단하다.

스포츠 분야 선수들의 성공에 영향을 미치는 요인은 다양하다. 그중에서도 선수를 지도하는 지도자의 영향력은 매우 의미 있는 요인 중 하나다. 선수들이 우승 후 인터뷰를 할 때 빠지지 않고 등장하는 대목이 있다.

"지금 이 자리에 있게 해주신 코치님께 감사드립니다."

지도자를 언급하며 자신의 성과에 그들의 공로가 있음을 알리는 것이다. 뿐만 아니라 한 시즌이 끝날 때쯤에는 코치진이나 감독의 교체 기사를 어렵지 않게 접할 수 있다. 선수 개인이나 팀의 성적이 지도자에게 달려 있다고 보는 것이다.

이렇듯 우리는 각종 매체를 통해 지도자와 관련된 이야기를 쉽게 접할 수 있으며, 스포츠에서 지도자가 미치는 영향력을 간접적으로나마 체감할 수 있다. 학계에서는 선수나 팀의 성적과 지도자의 상관관계에 대한 다양한 연구가 수행되어왔다. 이와 관련된 국내외 연구 결과들 중에는 공통적으로 선수들과의 '상호 신뢰와 소통'이 주요 이슈로 보고되고 있다.

신뢰는 신뢰감 있는 '상태'를 의미한다. 신뢰감 있는 상태가 되기 위해서는 신뢰감을 주는 말과 행동, 즉 스킬이 필요하다. '소통' 또한 서로를 잘 이해하여 오해가 없는 상태다. 소통 상태가 되려면 이 또한 소통 스킬이 필요하다. 필자는 현장에서 전문 코치로서 사회 각 분야의 많은 리더들을 만났는데 대다수가 부족한 것이 바로 이 스킬이었다. 구체적인 스킬이 없으면 신뢰와 원활한 소통이 이루어지기 힘들다. 비거리를 늘리려면 드라이버 샷을 반복적으로 열심히 해야 하는 것처럼 신뢰나 소통 또한 커뮤니케이션 스킬을 반복적으로 연습해야 숙달할 수 있는 스킬이다.

최근 발생한 스포츠계의 폭행이나 성추행 사건의 피해자 선수들 나이는 『청소년 보호법』상의 청소년인 19세 이하가 대부분이다. 청소년기는 말 그대로 격동의 시기다. 격한 감정이 자주 일어나고 감정에 기복이 심한 극단적 정서 변화를 일으켜 희로애락의 감정들이 분별없이 일어나곤 하는 시기다.

청소년들은 부정적인 정서 경험을 지나치게 억압하여 우울, 자살 시도, 중독, 무기력 등으로 또는 과다 분출로 인해 공격성, 반사회적 행동, 분노, 폭력, 절도, 음주, 흡연 등의 문제로 어려움을 겪고 자신들만의 방식으로 심리적 갈등과 욕구를 해소 또는 충족시킨다. 청소년들의 심리 현상은 하나의 원인과 결과로만 해석하기에는 무리가 따른다. 청소년들을 이해하고 그 시기의 건전한 발전과 성장에 도움을 주기 위해서는 부모 또는 양육자와 주변의 기성세대들이 특별히 주의와 관심을 기울여야 한다.

청소년들은 자신을 지지해주고 격려해줄 누군가가 늘 자신의 곁에 존재하면서 온전하게 집중해주기를 원하고 있다. 즉, 관심이 필요한 것이다. 청소년 스포츠 지도자는 청소년들과 상호 신뢰 관계 속에서 청소년이 자신의 모든 경험에 호기심을 가지고 탐색할 수 있도록 돕는 것이 중요하다.

늘 한결같은 태도로 지지하고 응원하는 코치의 자세는 청소년들로 하여금 새로움에 대한 도전과 자부심, 그리고 열정을 불러 일으키며 이것이 자신에 대한 신뢰, 사회에 대한 신뢰로 이어진다. 청소년들의 이런 경험은 삶에 대한 책임의식을 고취하며, 보다 바람직하고 의미 있는 행동을 하도록 이끄는 원동력이 되어 자주적으로 행동할 수 있게 한다. 이와 같은 스포츠 지도자의 지지와 존중을 통해 자신의 내부에 있는 패배의 목소리와 방해 요소들을 진실하고 유연하게 자각하고 그것들에 대처할 수 있게 된다.

위에서 설명한 청소년들을 대할 때 필요한 태도에 대해 대부분 공감하면서도 막상 어디서부터 어떻게 접근해야 할지 모른다면 그것은 결국 지도자의 코칭 스킬이 부족한 것이다.

코칭 스킬을 반복적으로 훈련하라. 혼자 하기 어려우면 전문 코칭 프로그램을 통해 전문가들의 도움을 받는 것이 좋다.

6장

인간은 특별한 천재나 예술가를 제외하면 잠재력이나 재능 면에서 크게 차이 나지 않는다.
단지 체계적으로 프로세스를 밟는 사람과 그렇지 않은 사람이 있을 뿐이다.
―김상범

코칭 프로세스
'GROW'

코칭 프로세스

조종사가 안전한 비행을 위해 이륙 전에 점검해야 할 사항은 50가지가 넘는다고 한다. 수십 년간 비행기를 조종한 조종사들은 비행 지식과 경험이 풍부하다. 그럼에도 불구하고 비행 때마다 예외 없이 같은 프로세스를 순서대로 반복해야 한다고 한다. 같은 프로세스의 반복은 항상 동일한 결과를 예측 가능하게 해주기 때문이다.

이처럼 프로세스는 발생하는 문제에 대해 파악하고 대응할 수 있는 정보를 제공한다. 제대로 된 프로세스를 제대로 수행하면 항상 동일한 결과를 기대할 수 있는 것이다. 대부분의 사고나 문제는 프로세스를 무시하거나 프로세스상의 문제를 방치하기 때문에 일어난다. 이것이 바로 프로세스가 지니고 있는 힘이다.

그렇다면 프로세스란 무엇을 말하는 것일까? 프로세스에 대해 정확히 알아보기 위해 우선 사전적 정의를 살펴보자.

- 조직적, 체계적인 일련의 '조치', 단계를 따라 추구하는 목표에 도달하는 '방법', 처리 방식이나 순서, 제조법, 공정
- 많은 변화를 포함하는 일련의 작용, 과정
- 전진, 진행, 진전
- 계속 진행되어가는 상태
- 현재 진행 중인 일, 진척되고 있는 일
- 시간의 경과, 추이, 흐름
- 기타 법률, 사진, 생물, 해부 시에 전용으로 사용되는 의미

성과가 뛰어난 스포츠 지도자나 경험이 많은 선수들에게는 실제로 그들이 따르는 일정한 프로세스가 있다. 새로 시작한 초보자나 성과가 저조한 스포츠 지도자들을 살펴보면 대체로 프로세스를 갖고 있지 않거나, 있어도 무시하거나 잘 따르지 않거나,

모르는 경우가 많다.

프로세스를 따라야 하는 가장 큰 이유는 각 단계에서 성과를 모니터링하고 측정할 수 있기 때문이다. 그렇게 하면 각 단계에서 향상된 결과를 개발하여 일관성을 향상시킬 수 있다.

골프 경기를 보면서 선수들이 어떤 프로세스를 따르는지 생각해보라. 매 홀마다 선수들이 다음과 같은 프로세스를 따르는 것을 볼 수 있다. 제일 먼저 서서 혹은 앉아서 공과 땅을 유심히 본다. 그리고 나서 목표물을 정하고, 날아갈 방향을 예측한 후 가볍게 한두 번 스윙을 연습한다. 그리고 손과 발을 정렬하고 호흡을 가다듬은 후 모든 것이 안정되었을 때 스윙을 한다. 어떤 분야든 자신의 일에서 성과를 내고 있는 전문가들은 이러한 자신만의 프로세스를 따른다.

지금까지 우리는 학습과 성과 향상을 위해 자각과 책임의 본질을 살펴보았다. 또한 바람직한 코치의 역할과 태도를 탐구했으며 코칭 커뮤니케이션의 본질이 되는 질문과 경청, 피드백에 대해서도 살펴보았다. 이제 우리는 무엇에 대해 어떻게 코칭을 해야 하는지, 효과적인 코칭을 위한 프로세스에 대해 살펴볼 것이다. 코칭은 다음의 프로세스를 따르는 것이 좋다.

- 1단계: 코칭의 단기 및 장기 목표Goal 설정

- 2단계: 현재의 상황을 파악하는 현실Reality, 즉 현상 확인

- 3단계: 가능한 대안Option과 다른 전략 혹은 행동 파악

- 4단계: 언제when, 누구whom에 의해, 무엇what이 행해지는지, 그리고 그것
  을 하겠다는 실행 의지Will 확인

보통 새로운 문제를 처음 다룰 때에는 4단계를 처음부터 순서대로 밟아나가는 것이 바람직하다. 그러나 코칭은 종종 전에 논의된 적이 있거나 현재 진행되고 있는 사안을 추진하는 데에도 사용될 수 있다. 그런 경우 적절한 단계에서 코칭을 시작하고 끝내도 된다.

현실을 점검하기 전에 목표를 정하는 것이 이상하게 보일 것이다. 목표를 정하려면 현실을 알아야 하기 때문에 순서가 바뀌었다고 생각할 수도 있겠지만 그렇지 않다. 현실에 기초한 목표는 부정적이고 대응적이기 쉽다. 또한 과거의 성과에 제약받고, 단순한 외연 확대로 인해 창의성이 결여되며, 잠재 능력을 제대

로 반영하지 못하고, 심지어 역효과를 낼 수도 있다. 단기목표에 주력하면 장기목표에서 벗어날 수도 있다. 단기목표에 주력하면 장기목표에서 벗어날 수 있다. 팀은 대부분 미래의 가능성보다는 과거의 성과에 기초하여 목표를 정한다. 대부분의 경우 그들은 가능성을 생각하지 않는다. 따라서 대부분의 상황에서 필자는 미래의 가능성에 기초하여 장기목표를 세우고 시작하는 코칭 순서(GROW)를 따르기를 권한다.

GROW의 가치

앞의 질문의 순서는 '기억력 향상'을 도와준다. 그러나 거듭 강조하지만 자각, 책임감, 그리고 그 둘을 높여주는 질문기술이 배경이 되지 않은 GROW는 가치가 없다. 개인이나 기업의 성과 향상을 목표로 진행되는 교육 프로그램에는 여러 가지가 있다. 영업에는 SPIN이 있고 전략에는 SWOT이 있으며, 목표 관리에는 SMART, 코칭에는 GROW가 있다. 이러한 교육들은 기업의 모든 문제에 대한 만병통치약으로 오인되고 있다.

그러나 그것들은 만병통치약이 아니다. 단지 그것이 적용되는 특정 배경 속에서만 가치가 있을 뿐이다. GROW의 배경은 자각과 책임이다.

전체적인 스포츠 지도자들은 선수들에게 다음과 같은 방식으로 과제를 부여할 것이다.

- 목표goal는 이번 달 안에 20초대로 진입하는 것이다.
- 현재 상황reality을 보면 지난달에 19초대를 넘지 못했다.
- 여러분은 너무 나태하다. 경쟁자는 우리보다 실력이 뛰어나다. 더욱 분발하라.
- 모든 가능한 대안option을 고려한 결과 지금의 연습 방식을 바꾸지는 않기로 했다.

이 스포츠 지도자는 정확하게 GROW 모델을 따랐지만 한 가지 질문을 하지 않았다. 바로 자각을 불러일으키지 못했다. 또한 선수들이 훈련에 대한 책임을 맡았다고 생각하지만 그것은 오해다. 강요에 의한 책임이므로 그들에게 선택권이란 없으며, 따라서 그것은 진정한 책임이라고 할 수 없다.

코칭을 할 때 GROW를 따르는 이유는 그 효과 때문이다. 자각과 책임이 따르지 않는 GROW는 효과가 있을 수 없다. 그러나 이 목표는 순환 과정을 거쳐야 한다. 다시 말해서 현재 상황을 구체적으로 점검하기 전까지는 목표가 모호할 수밖에 없다는 것이다. 앞으로 나아가기 전에 다시 돌아와서 목표를 보다 명확하게 정해야 할 수도 있다. 현재의 상황이 분명해지면 처음에 정해진 목표가 잘못되거나 적절하지 못하다는 사실을 발견할 수도 있다.

가능한 대안을 찾을 때는 각 대안이 원하는 목표로 나아가는 데 도움이 되는지 확인해야 한다. 구체적인 행동과 시간이 정해지기 전에 대안이 목표에 부합하는지도 확인해야 한다.

다음에는 GROW의 각 단계별로 자각과 책임을 높여주는 질문들에 대해 좀 더 자세히 살펴보겠다.

Goal:
목표 설정

   코칭은 목표 설정으로부터 시작된다. 이때 코칭에서 얻고 싶은 것을 정해야 하는 사람은 피코치다. 비록 코치나 관리자가 코칭받아야 할 구체적인 문제를 가지고 있다 하더라도 피코치에게 코칭으로부터 얻고 싶은 것이 있는지 물어봐야 한다.

   목표 설정 단계에서는 다음과 같은 것들이 이루어져야 한다.

· 피코치가 하고자 하는 이야기를 충분히 들으며 나의 의견과 생각을 최소화한다.

· 피코치의 이야기를 경청하고 이슈로 인한 '감정'을 공감하며 라포rapport를

형성한다. 라포란 상호 신뢰 관계를 뜻한다.

· 많이 경청한다. 경청 : 말하기 = 70 : 30이 적절하다.

· 질문은 최대한 간단히 한다.

· 코칭의 주제issue를 명확히 한다. 주제가 여러 가지라면 우선순위를 정한다.

· 코치가 이슈를 제기했다면 선수를 돕고자 하는 진정한 의도를 잘 설명하고 동의를 얻는다.

· 가능성을 발견하도록 한다.

목표 설정 단계에서 코치가 할 수 있는 유용한 질문들은 다음과 같다.

· 코칭을 통해 얻고 싶은 것이 무엇인가?

· 코칭할 시간이 30분 정도 있다. 30분 동안 코칭을 받고 난 후 어떤 상태가 되었으면 좋겠는가?

· 코칭이 끝났을 때 어떤 상태가 되었으면 좋겠는가?

· 가장 해결하고 싶은 이슈는 무엇인가?

· 오늘은 ㅇㅇ 주제에 대해 이야기해 보는 것이 어떻겠는가? 주의할 점은

코치가 코칭 이슈를 제안할 경우에도 선수의 동의를 얻는 것이다.

· 지금 이야기한 것들 중 가장 중요한 것은 무엇인가?

· 이 주제가 해결되면 어떤 것이 가능해진다고 생각하는가?

· 이 주제는 당신에게 어떤 의미가 있는가?

· 이 주제를 생각하게 된 계기는 무엇인가?

· 가장 해결하고 싶은 이슈는 무엇인가?

· 향후 원하는 목표는 무엇인가?

· 그 목표가 당신에게 어떤 의미가 있는가?

· 그 목표가 이루어졌을 때 어떤 느낌일 것 같은가?

목표는 최종목표와 실행목표로 구분할 수 있다. 세계 대회, 아시안게임, 올림픽에서 금메달을 따겠다거나, 스포츠 지도자가 되겠다는 등의 최종목표는 자신이 컨트롤할 수 있는 영역 밖의 목표다. 경쟁자들이 무엇을 얼마큼 할 것인지 알 수도, 컨트롤할 수도 없다.

'9월 말까지 1,600m를 4분 10초 안에 뛰겠다', '3월 말까지 체중을 3kg 감량하겠다' 등의 실행목표는 최종목표를 달성 가능하게 해주는 성과의 수준이다. 대체로 자신이 컨트롤할 수 있는 영역

안에 있으며, 일반적으로 측정할 수 있다. 실행목표는 자신이 통제할 수 있는 영역 안에 있으므로 전념하고 책임지기가 쉽다. 최종목표는 이 실행목표의 지원을 받아야 한다. 최종목표는 동기를 유발하고, 실행목표는 그 내용을 구체적으로 규정해준다.

스포츠 지도자들이 마음대로 목표를 정해서 선수들에게 강요하기도 한다. 그것은 의문을 제기해서는 안 되는 일종의 명령이다. 그러한 방식으로 목표를 설정하게 되면 선수들은 목표에 대한 책임을 부정하게 된다. 현명한 스포츠 지도자는 자신의 목표에 연연하지 않고 선수들에게 동기를 유발하여 스스로 도전목표를 정하도록 격려한다.

그러나 이와 다르게 목표를 엄격하게 정해주더라도 희망이 전혀 없는 것은 아니다. 최소한 스포츠 지도자가 누가, 언제, 어떤 과제를, 어떻게 수행할지에 대하여 코칭을 통해 약간의 선택권을 부여할 수 있기 때문이다. 내적 동기 유발 관점에서 보면 선택과 책임의 가치를 결코 과소평가해는 안 된다.

Reality:
현재 상황 파악

목표를 정했으므로 이제 현재 상황을 분명하게 파악해야 한다. 현재 상황을 파악할 때 가장 중요한 기준은 객관성이다. 객관성은 인식 주체의 의견, 판단, 기대, 편견, 관심, 희망, 두려움에 의해 왜곡되기 쉽다. 자각은 현실을 있는 그대로 인지하는 것이며, 자아인식은 자신의 현실인식을 왜곡하는 내부 요소를 인지하는 것이다. 대부분의 사람들은 자신이 객관적이라고 생각하지만 절대적인 객관성은 존재하지 않는다. 객관성은 정도의 문제다. 그러나 우리가 객관성을 유지하려고 노력하면 할수록 그 객관성은 분명 높아질 것이다.

현상 파악 시 코치는 평가하고 판단하는 언어가 아닌 중립적인 언어를 사용해야 한다. 공평성과 객관성을 유지하는 데 도움이 되기 때문이다. 일반적인 대화에서 스포츠 지도자들이 주로 사용하는 언어는 충고, 탐색, 해석, 판단에 해당하는 언어다. 가능한 한 코치는 중립적이고 서술적인 언어를 사용해야 코칭의 생산성을 높일 수 있다.

따라서 '좋다, 나쁘다, 옳다, 그르다'처럼 아예 노골적으로 가치판단이 포함된 단어는 쓰지 않는 것이 좋다. 예를 들어, 사수에게 목표물을 빗나갔다고 하지 말라. 기분만 상하게 할 뿐이다. 그는 목표에서 얼마나 빗나갔고 목표를 맞히려면 활을 얼마나 움직여야 하는지 알고 싶어 한다. 중립적인 서술은 가치를 더해주지만 비판은 가치를 떨어뜨린다.

현상 파악 단계에서 이루어져야 할 것들은 다음과 같다.

· 목표와 현재의 갭Gap을 확인한다.

· 현재의 상황과 원인에 대해 파악한다.

· 고정관념에서 벗어나 새로운 시각으로 볼 수 있도록 이끈다.

· 다양한 대안을 만들어내도록 격려한다.

현상 파악 단계에서의 질문은 누가, 언제, 무엇을, 얼마나 등의 의문사로 시작한다. '어떻게'와 '왜'는 특별한 경우나 마땅한 다른 표현이 없을 때 사용한다. 현상 파악 단계에서 코치가 할 수 있는 유용한 질문들은 다음과 같다.

· 지금까지 이 문제에 대해 어떤 행동을 취했는가?

· 그 행동은 어떤 효과가 있었는가?

· 지금 상황은 어떤가? 목표와의 갭은 어떤가? 10점 척도로 말한다면 현재 몇 점 정도인가?

· 무엇 때문에 이 문제가 일어나는가? 더 깊은 원인은 무엇인가?

· 지금까지 어떤 시도를 해왔는가? 시도하지 못한 것은 무엇인가?

· 새로운 관점에서 본다면 어떤 것이 가능하겠는가?

이 단계에서 코치는 특히 다음 질문의 방향을 가늠할 수 있는 모든 사실을 수집하기 위해 피코치의 말을 경청하고 행동을 주시해야 한다. 또한 피코치의 자각이 일어나도록 해야 한다. 코치는 상황의 전말을 자세하게 알 필요는 없지만 피코치가 상황을 잘 알고 있는지는 확인해야 한다.

행동에 대한 중요성을 강조하는 현상 파악 질문으로는 "지금까지 이 문제에 대해 어떤 행동을 취했습니까? 그 행동은 어떤 효과가 있었습니까?"와 같은 연속 질문이 있다. 이 질문은 행동의 중요성을 강조하고, 문제에 대한 생각과 행동 간의 차이를 부각시키는 데 도움이 된다. 사람들은 대체로 오랫동안 문제에 대해 생각하지만 누군가가 그 문제에 대해 어떤 행동을 취했는지 질문하면 자신이 생각만 하고 행동은 전혀 취하지 않았다는 것을 깨닫는다.

운동기술을 배우거나 개발하기 위해 코칭을 할 때 일반적으로 스포츠 지도자들이 사용하는 프로세스는 이 현상 파악 단계에서 대부분 끝이 난다. 특히 이 단계에서 선수의 자각이 일어나는 경우에는 더욱 그렇다. 그러나 선수의 에너지를 전체적으로 향상시키고 도전적인 실행계획 수립과 동기유발을 이끌어내기 위해서는 두 단계의 코칭이 더 필요하다.

Option:
대안 탐색

대안 탐색 단계에서는 피코치가 코치나 다른 사람들의 판단에 신경 쓰지 않고 마음 편히 자신의 생각과 아이디어를 표현할 수 있는 분위기를 조성해야 한다. 코치는 그들이 내놓은 아이디어가 터무니없는 것처럼 보이더라도 나중에 의미 있는 아이디어로 판명될 수 있으므로 모두 기록해야 한다. 기록은 대부분 코치가 맡는다.

대안 탐색 단계에서 이루어져야 할 것들은 다음과 같다.

· 목표와 현재 상태의 갭을 명확히 한다. 질적 요소는 10점 척도 등으로 표

현해본다.

· 갭을 초래한 요인, 더 깊은 원인을 검토한다.

· 환경 요인이 아닌 통제할 수 있는 요인에 초점을 맞춘다.

· 고정관념에서 벗어나게 하는 질문을 한다.

· 생각하지 못했던 것을 생각해보도록 메시지를 준다.

· 함께 브레인스토밍brainstorming을 하면서 제안한다.

· 최대한 다양한 대안을 만들어낸다.

어떤 문제에 대한 창의적 해결 방법을 만들 때 사람들이 무의식적으로 사용하는 표현 방식이 방해가 되기도 한다. 예를 들면 다음과 같은 것들이다.

· 그건 안 될 거야.

· 그건 내가 할 수 없어.

· 아무도 동의하지 않을 거야.

· 비용이 많이 들겠지.

· 시간을 내기가 어려워.

· 다른 사람들도 그 정도는 생각했을 거야.

이러한 암시적 가정은 이외에도 많은데, 대부분 부정이나 거부의 의미를 내포하고 있다. 좋은 코치는 피코치에게 "…한다면 어떻게 하겠습니까?"라고 긍정적 암시를 주는 질문을 한다.

· 당신이 해답을 알고 있다면 그 답은 무엇이겠는가?

· 당신이 코치라면 어떻게 할 것인가?

· 어떠한 제약도 없다면 무엇부터 할 것인가?

· 자원과 예산이 충분하다면 어떻게 할 것인가?

· 어떠한 장애물도 없다면 무엇을 할 것인가?

합리적인 생각의 방해꾼을 잠깐 피해가는 이런 질문들에 의해 보다 창의적인 사고가 나올 수 있으며, 넘을 수 없던 것처럼 보이던 장애물을 극복할 방법을 찾을 수 있다.

현상 파악 단계에서 코치가 할 수 있는 유용한 질문들은 다음과 같다.

· 여러 대안 중 무엇을 실행할 것인가?

· 언제까지 할 것인가?

· 예상되는 장애물은 무엇이고, 어떻게 극복할 것인가?

· 내가 도와줄 것은 무엇인가?

Will:
실행계획 수립

코칭 프로세스의 마지막 단계는 지금까지 토의한 내용을 기반으로 실행계획을 수립하는 것이다. 철저하게 조사된 현실 자료를 근거로 폭넓게 제시된 각종 대안 중 최선을 선택함으로써 명시된 요건을 충족시키는 실행계획을 세운다.

스포츠 지도자의 권위적인 요청은 선수들의 저항과 반발에 부딪히는 경우가 많다. 그렇지 않으면 아예 체념하고 수용하기도 한다. 반면에 코칭은 코치의 의지를 강요하는 것이 아니라 코칭받는 선수들의 의지를 북돋아주는 것이기 때문에 감정을 상하게 하지 않고 효과적으로 질문할 수 있다. 피코치는 항상 선택권

과 소유권을 가지므로 행동을 취하지 않겠다는 결정을 내릴 수
도 있다.

실행계획 수립 단계에서는 피코치에게서 그 행동이 옳고, 그
의 계획으로 수용하며, 그 내용을 충분히 이해하고 있고, 실행할
의지가 있음을 확인해야 한다. 또 코칭을 마치고 적절한 시간이
지나면 실행계획이 어떻게 진전되고 있는지 확인해야 한다. 이
러한 마무리 및 사후 점검 작업은 코칭을 받는 사람이 스스로 소
중한 사람이라는 사실을 깨닫게 하는 데 도움이 된다. 계획에 대
해 자신감을 갖게 해주면서 코칭을 마쳐야 한다.

실행계획 수립 단계에서 이루어져야 할 것들은 다음과 같다.

· 목표 달성에 필요한 자원이 무엇인지 검토한다.

　예 시간, 사람, 도구, 정보 등

· 현재 피코치 자신이 시도할 수 있는 해결책을 찾는다.

· 실행 가능한 행동계획을 수립한다.

· 보다 많은 아이디어가 나올 수 있도록 촉진한다.

· 행동계획은 SMART Specific, Measurable, Achievable, Result-oriented, Time-limited

원칙에 입각하여 세운다.

· 필요한 경우 정보나 노하우를 제공할 수 있다. 단, 제공된 정보나 노하우를 피코치가 스스로 적용하고 실행할 수 있도록 돕는다.

현상 파악 단계에서 코치가 할 수 있는 유용한 질문들은 다음과 같다.

· 여러 대안 중 무엇을 실행할 것인가?

· 언제까지 할 것인가?

· 예상되는 장애물은 무엇이고, 어떻게 극복할 것인가?

· 이 실행계획은 당신의 목표에 부합하는가?

· 내가 도와줄 것은 무엇인가?

· 언제 점검할 수 있겠는가?

· 그 목표를 이루기 위해 구체적으로 무엇을 할 것인가?

· 성공했다는 것을 어떻게 평가할 수 있겠는가?

· 활용할 수 있는 자원은 무엇인가?

· 어떤 도움, 즉 지원이 필요한가?

그러나 코칭이 이렇게 말처럼 쉬운 것은 아니다. 피코치가 거부하며 코칭을 복잡하게 만들 수도 있다. 이것은 전형적인 코칭 프로세스이므로 전반적인 코칭 원칙을 이해하는 데 도움이 될 것이다. 하지만 대부분의 코칭은 이와 같이 공식적으로 이루어지지 않는다. 코칭 경험이 '없는' 사람이 코칭이 이루어지고 있는지 '모르고' 있는 가운데 코칭이 '이루어지는' 경우도 있다. 단순히 상대방은 자신을 배려하고 자신의 말에 귀를 기울여주고 있다고 생각할 것이다. 코칭이 공식적으로 이루어지든 비공식적으로 이루어지든 좋은 스포츠 지도자라면 선수의 자각을 불러일으키고 책임감을 증대시킬 수 있어야 한다.

7장

> 좋은 팀을 만들려면 먼저 뜨거운 가슴으로 사람들과 함께하라!
> 좋음 팀엔 좋은 사람이 있다. 좋은 팀은 가슴으로 사람을 대한다.
> —미상

유명 스포츠 지도자들의 코칭 리더십

신뢰와 소통

한국체육대학교 최관용 · 안문용 교수 팀은 2013년 〈국내외 유명 스포츠 지도자의 코칭 요인〉이라는 제목으로 한국스포츠 학회지(제11권 제4호)에 자신들의 연구 결과를 게재했다. 국내외 스포츠 지도자 중 지도력을 인정받아 매스미디어mass media에 많이 오르내리는 유명 인사들을 대상으로 연구했으며, 그들이 선수들을 지도하고 관리하는 요인이 기술되어 있는 국내 각종 서적과 연구 논문 및 학술지, 신문기사, 인터넷 등의 문헌 자료를 수집하여 조사했다.

연구 결과 유명 스포츠 지도자들에게는 다음의 네 가지 공통점이 있다는 것을 발견했다.

- · 첫째, 팀을 하나로 만드는 방법
- · 둘째, 독특한 훈련 방법
- · 셋째, 선수를 파악하는 능력
- · 넷째, 선수와의 신뢰 형성과 원활한 의사소통

그중에서도 이 책에서 다루고자 하는 코칭 스킬과 관련하여 가장 직접적으로 관계가 있다고 생각되는 네 번째 항목인 '선수와의 신뢰 형성과 원활한 의사소통'에 대해 논문에 인용된 사례를 살펴보면 다음과 같다.

선수와의 신뢰 형성과 원활한 의사소통

국내외 유명 스포츠 지도자들의 코칭 요인을 알아보기 위해 자료를 수집하고 분석한 결과 지도자들은 선수를 믿는 마음이 강하며, 선수를 절대 포기하지 않았다. 또한 다양한 방법으로 선수들과 호흡하기 위해 노력한다는 공통점을 찾을 수 있었다. 지도자와 선수 간의 의사소통 부재는 주된 갈등 요인이며, 선수들은 자신을 믿어주는 지도자를 원하고 있다. 경기력 수준이 높을수록 지도자와 선수 간의 유대감이나 믿음을 보다 중요하게 생각했다.

(1) 선수를 외면하지 않는 지도자

국내외 유명 스포츠 지도자들은 선수를 먼저 포기하지 않았으며, 사람이 먼저라는 지도 철학을 가지고 선수를 대했다. 선수를 외면하지 않는 자세로 모든 선수에게 똑같이 공평한 기회를 제공했다. 이처럼 어떤 상황에서도 선수를 믿어주는 모습이 지도자의 표본이다.

'재활공장장' 이란 별명이 붙을 만큼 부상이나 부진으로 궁지에 몰린 선수를 외면하지 않고 끌어안는 지도자다. 고참들이 스스로 물러날 때를 느낄 때까지 기다리는 점에서 혁신보다 보수에 가깝다. 이처럼 선수들과 한번 인연을 맺게 되면 오래도록 '사제의 정' 을 잊지 않는다.

_ 위클리공감, 2009년 3월 25일, 김인식 야구감독

먼저 선수를 포기하지 않는다. 솔직히 자기 마음에 들거나 필요한 선수로만 팀을 꾸리고 싶은 것은 당연하다. 그러나 훈련에서는 선수들 모두에게 공평하게 기회를 준다. "선수들을 평등하게 보아야 포기하지 않고 그들이 갖고 있는 한계를 넘어 한 단계 도약할 수 있도록 만들 수 있다"고 말했다.

_ 중앙일보, 2013년 1월 15일, 김호철 배구감독

(2) 선수를 믿어주는 마음

국내외 유명 스포츠 지도자들은 어떠한 상황 속에서도 오로지 선수들만을 믿었다. 인간 대 인간으로서 항상 선수 입장에서 생각하려고 노력했다. 이런 지도자의 노력은 선수와 강한 신뢰 관계를 형성할 수 있는 계기가 된다.

선수에게 성공에 대한 신뢰와 확신을 심어주어야 한다. 지도자의 기능적인 능력뿐만 아니라 인간적인 신뢰 관계가 필요하다. 이런 면에서 인생의 멘토였고 아버지와 같은 역할을 했다. 우사인 볼트는 글렌 밀스 감독에 대해 "나의 두 번째 아버지. 항상 나와 많은 시간 대화를 나눈다. 내게 무엇이 중요한지, 어떻게 해야 할지를 알려준다"고 말했다. 볼트가 제시한 이상적인 코치상, 그 속에 밀스 감독의 모습이 담겨 있다. 그는 최

고의 코치가 된 비결을 묻는 질문에 "선수에 대한 열정, 사랑, 헌신, 노력" 이라고 답변했다. _ 스포츠조선, 2008년 11월 25일, 글렌 밀스 육상감독

선수들에게 신념을 강조하는 지도 방법으로 1,600m 계주를 영남대의 대표 종목으로 키워냈다. 그는 "선두를 내주는 순간에도 질 거라는 생각은 한 번도 하지 않았다. 나는 우리 선수들을 믿었다" 며 선수들을 치켜세웠다. _ 동아일보, 2001년 10월 14일, 우성구 육상감독

선수 스스로가 자신이 얼마나 중요하고 꼭 필요한 존재인지 알 수 있도록 항상 일깨워주었다. 모든 선수가 재능을 발휘할 수 있도록 역할을 명확하게 알려주고 선수 모두에게 적절한 기회를 제공하려고 노력했다. 그는 목소리를 높이지 않고 선수들을 믿는 자세를 일관되게 유지하며 지도한다. _ 조선일보, 2013년 4월 18일, 조 토리 야구감독

사회적으로 물의를 일으켜 곤경에 처했을 때, 늘 제자를 감싸 안고 두둔했다. 항상 선수의 입장에서 상황을 이해하려고 노력한 것이다. 언제나 선수 편이었다. 이러한 일관된 지도자의 행동 속에서 선수와 강한 신뢰가 형성되는 것이다. _ 국민일보, 2008년 8월 17일, 밥 바우먼 수영코치

(3) 다양한 소통 방법

국내외 유명 스포츠 지도자들은 선수들과 호흡을 같이하기 위해 다양한 방법을 적용하여 소통하는 것을 알 수 있었다. 유명 스포츠 지도자들이 자신만의 방식으로 소통하기 위해 노력하는 점은 지도자와 선수 상호 간의 신뢰를 형성하는 데 중요한 요인이다.

대화를 아주 중요하게 생각했다. 라커룸에서는 개인적인 대화가 오가고 훈련에서는 전반적인 대화가 오간다. 모두에게 사무실 문을 개방하여 선수들이 부담 없이 찾아올 수 있게 만들었다. 선수들과 나눈 대화를 동기부여를 하는 데 많이 활용했다.

_ 동아일보, 2011년 11월 1일, 호셉 과르디올라 축구감독

훈련장에서는 독사 승부사라 불리며 엄하기 이를 데 없지만 은근한 배려로 선수들에게 진심을 전한다. 훈련장에 있을 때와 훈련장 밖에 있을 때가 전혀 다른 사람인데, 훈련장 밖에서는 푸근한 동네 아저씨로 변한다.

_ 레이디경향, 2008년 2월 3일, 임영철 핸드볼감독

어린 선수들과도 편하게 소통하기 위해 그들 사이에서 유행하는 개그 프로그램을 꼬박꼬박 챙겨 보기도 한다.

_ 스포츠동아, 2012년 12월 17일, 임영철 핸드볼감독

선수들에게 낚시를 추천한다. "낚시는 사격처럼 보이지 않는 속을 읽을 수 있다. 선수들에게 추천하고 함께 한다" 고 말했다. 또한 선수들과 함께 호흡하기 위해 요즘도 현역으로 대회에 출전한다. 직접 시합을 뛰어봐야 선수들이 시합 상황에서 느끼는 감정까지 느낄 수 있기 때문이라고 한다.

_ 중앙일보, 2013년 5월 29일, 변경수 사격감독

신한대학교 최진훈 교수와 한국체육대학교 이도희 교수 팀은 지도자의 역량 제고와, 더 나아가 생활체육의 활성화를 목적으로 생활체육의 최전방에서 참여자들과 직접 마주치며 '생활체육 지도자의 코칭 역량이 지도자 신뢰 및 운동몰입에 미치는 영향'에 대해 연구했다. 다음과 같은 이들의 연구 결과를 통해 생활체육 지도자들에게도 '신뢰'는 매우 중요한 요인임을 알 수 있었다.

생활체육 지도자는 엄연한 교육자로서 지도 능력뿐만 아니라 인성적인 자질까지 갖추어야 하며, 지도에 대한 열정이 기본적으로 밑바탕이 되어야 한다. 이는 지속적인 노력으로 충분히 제고될 수 있다. 따라서 피코치들이 지도자를 신뢰하고 능동적으로 운동에 지속적으로 참여하는 운동 몰입 단계에 도달할 수 있도록 지도자도 끊임없이 노력하며 역량을 키워야 한다. 스포츠 센터 등 현장에서도 지도자의 코칭 역량 향상을 위해 정기적으로 교육을 지원하는 것도 하나의 방법이 될 수 있다.

'신뢰와 소통'은 '무엇이 좋은 스포츠 코치를 만드는가?What Makes A Good Sports Coach?'에 대한 해답이다.

'파파 리더십'
박항서 감독

· 태국과의 경기에서 10년 만에 승리

· U-23대회 준우승

· 아시안게임 4강 진출

· 피파랭킹 100위권 진입

· 스즈키컵 무패 우승

· 아시안컵 8강 진출

이 모든 성과가 박항서 감독이 베트남 축구 국가대표팀 감독으로 부임한 지 1년 만에 이룩한 결과다. 당연히 박항서 감독의 리더십을 두고 다양한 의견들이 나오고 있다. 필자는 코칭 전문가의 입장에서 박항서 감독의 리더십 비결을 '신뢰와 소통'으로 보았다. 그가 한 인터뷰 내용 중 일부를 살펴보자.

솔선수범인 것 같습니다. 제가 솔선수범하려고 노력했고 솔선수범했던 부분 때문에 우리 선수들이 저를 인정해준 것 같습니다. 〈중략〉 우리 선수들을 정말 사랑하고 정말 소중하게 생각하며, 같이 일할 때 정말 행복합니다. 선수들에게 진정성 있게 다가가고 그런 부분을 우리 선수들도 받아주는 것 같습니다. 발 마사지는 의료진이 부족하니까 제가 해줄 수 있는 것이고, 또 팀원으로서 감독이 권위만 내세운다고 되는 것은 아니라고 생각합니다. 그런 면에서 저는 선수들과 친밀한 관계를 유지하려고 합니다. 단, 훈련장에 가면 엄하게 하기도 합니다. 특별히 어떤 형태의 리더십을 목표로 하는 것은 아닙니다. 감독들마다 선수들을 평가하는 기준은 다 있습니다. 다 틀릴 수도 있고, 공통된 부분도 있을 수 있습니다.

_ 연합뉴스, 2018년 10월 15일

박항서 감독은 틈틈이 선수들에게 다가가 소통하고 솔선수범으로 선수들의 신뢰를 얻었다. 《트러스트Trust》의 저자인 프랜시스 후쿠야마Francis Fukuyama는 '신뢰는 사회적 자본을 이끄는 밭'이며 높은 신뢰감이 법이나 계약 따위의 형식적인 절차를 줄여 성과를 올리고 비용을 절감할 수 있게 해준다고 했다. 아울러 지역이나 가족을 넘어서는 신뢰감이 사회적 협력을 촉진한다는 점을 강조했다.

《성공하는 사람들의 7가지 습관The Seven Habits of Highly Effective People》의 저자 스티븐 코비의 아들인 스티븐 M.R. 코비Stephen M.R. Covey는 그의 저서 《신뢰의 속도The Speed of Trust》에서 "신뢰만큼 높은 수익을 주는 것은 없다"고 말했다. 즉, 신뢰가 무형의 경제자산이라는 것이다. 사회 전반에 신뢰의 수준이 내려가면 성공의 속도가 내려가고 폐단을 막기 위한 비용이 올라가지만 반대로 그 수준이 높아지면 성공의 속도도 높아지고 비용은 내려간다는 것을 강조하고 있다.

조직의 구성원들은 각자의 렌즈를 통해 신뢰를 인식하고 있기 때문에 신뢰를 이해하는 공동의 언어가 반드시 필요하다. 그래야만 어떤 행동이 신뢰를 조성하고 어떤 행동이 신뢰를 파괴하는지에 대해 허심탄회하게 대화를 나눌 수 있다.

개인이나 조직이 성장하기 위해 신뢰는 단순히 있으면 좋은 것이 아니다. 반드시 있어야 하는 것이다. 대부분의 사람들은 의도적으로 신뢰를 형성하려는 생각을 하지 않는다. 신뢰란 시간이 지나면서 쌓이는 것이라는 안일한 고정관념 때문이다.

스포츠 지도자들에게 가장 치명적인 피드백 중 하나가 구성원들에게서 신뢰에 관한 문제점들을 듣게 되는 것이다. 조직 내에서의 신뢰는 일상의 행동을 토대로 형성된다. 깨진 약속, 실천되지 않은 공약, 리더들의 정보 독점, 부당한 대우, 무관심, 폭언, 거짓말, 부정. 이 모두가 조직 문화에 팽배해 있는 부정적인 요소들이며, 많은 사람들이 경험하고 있는 '신뢰 파괴 요인'들이다. 리더들이 그런 행동들을 반복하면 신뢰도가 낮은 문화가 형성된다. 이러한 문화 속에서 구성원들은 사기를 잃고 소속감을 느끼지 못하며, 생산성은 저하되고 위험을 감수하길 꺼리며 결국에는 작은 불이익에도 조직을 떠나게 된다.

스포츠 지도자와의 관계에서 선수들이 마음을 여는 정도는 지도자에 대한 신뢰의 비율과 같다. 많은 성공한 스포츠 지도자들이 선수들과의 관계에서 신뢰와 존경의 중요성을 강조하고 있다. 스포츠 지도자는 다음과 같은 방법으로 선수들로부터 신뢰와 존경을 얻을 수 있어야 한다.

첫째, 선수들의 능력 개발을 도울 수 있는 역량과 경험을 갖고 있어야 한다. 둘째, 정직하고 믿을 수 있어야 한다. 셋째, 경청하고, 개방성을 유지하며, 쌍방향 커뮤니케이션 채널을 통해 선수들의 니즈에 관해 진정으로 관심을 보일 때 신뢰의 분위기가 조성된다. 즉, 선수를 신뢰하고 존중할 수 있는 지도자가 신뢰와 존중을 받는다고 할 수 있으며, 결과적으로 지도자로서 동질성, 신빙성과 역량, 선수들에게 도움을 주고자 하는 의지 등을 진실하게 보여줄 때 존경받을 수 있다. 이는 생활체육이나 사교육 현장에서도 마찬가지다.

지도자는 자신의 행동으로 존중과 신뢰를 얻어야 한다. 이러한 노력으로 선수나 학생들이 지도자를 신뢰하고 존경한다면 자연히 그를 본받으려 할 것이며, 이를 통해 조직의 이익에 긍정적인 영향을 끼친다고 할 수 있다.

'따뜻한 독종'
서거원 감독

서거원 전무는 전 올림픽 양궁 국가대표 감독으로서 한국 양궁을 세계 최고로 이끌었던 장본인이다. 일반 국민들은 잘 모를 수 있지만 이 책을 읽고 있는 스포츠 분야 관계자라면 그 명성을 익히 알고 있을 터다. 필자는 개인적으로 우리나라에 이런 스포츠 지도자가 있다는 사실이 참 가슴 뿌듯하고 자랑스럽다.

서거원 전무는 2012년 '따뜻한 독종'이라는 제목 아래 자신이 겪어온 양궁 인생을 털어놓았다. 필자도 읽어보고 매료되어 기업체 임원 시절 특별히 초청하여 강의를 듣기도 했다.

양궁은 한국이라면 금메달 몇 개는 기본이라고 생각하는 국민

정서, 비인기 종목이라 올림픽 때만 반짝하는 무관심에도 불구
하고 다음과 같은 상상을 초월하는 결과로 우리를 감동시켰다.

· 1984년 LA올림픽에서 최초로 금메달 획득

· 1988년 서울올림픽에서 남자도 금메달 획득

· 2014년 브라질에서 전 종목 금메달 획득

· 이후 36년간 최상위 유지

· 9번 출전하여 금메달 23개 기록

그 이면에는 많은 사람들의 노력과 희생이 있었겠지만 본 장
의 주제인 '신뢰와 소통'이라는 측면에서 서거원 전무의 이야기
를 들어보자.

다음은 동아일보 하정민 기자가 "독사 훈련으로 '신궁神弓 코리
아' 길러낸 승부사"라는 제목 아래 썼던 기사 가운데 일부를 인
용했다.

서울올림픽에서 선전한 이후 서 전무는 승승장구했다. 1990년 베이징

아시안게임과 1994년 히로시마 아시안게임에서 남자대표팀 감독을 맡아 보란 듯이 금메달을 따냈다. 특히 히로시마에서 한국 양궁 팀은 전 종목 금메달 석권 및 세계 최고기록 수립이라는 쾌거를 이루어냈다.

그러나 영광은 오래가지 않았다. 아시안게임이 끝나자마자 당시 그가 실업팀 감독으로 있던 삼익악기 양궁 팀이 해체 작업에 들어가 1994년 12월 말 정식으로 해체되었기 때문이다. 1978년 선수로 입사하여 16년간 선수 겸 감독으로 있던 팀이 해체된다는 것은 그에게 큰 충격이었다. 당시 삼익악기 소속 선수는 총 6명으로 이 중 2명이 국가대표팀 선수일 정도로 실력도 뛰어났다. 이 때문에 서 전무는 새로운 실업팀 창단이 그리 어렵지 않을 것이라고 생각했다.

그는 무모하게도 국가대표 감독직을 반납하기로 했다. 삼익악기 팀이 해체되어도 자신은 국가대표팀 감독으로 편안하게 살 수 있었지만 월급이 끊기고 졸지에 오갈 곳이 없어진 선수들을 모른 척할 수는 없었다. 오랫동안 동고동락하던 선수들을 저버리느니 당분간 힘들더라도 실업팀을 다시 만드는 일이 우선이라고 생각했다.

하지만 상황은 녹록치 않았다. 비인기 종목인 양궁 실업팀을 창단하려는 기업이 없었던 것이다. 수많은 기업을 찾아다녔지만 선뜻 팀을 만들겠다는 곳은 없었고, 그간 모아두었던 돈은 순식간에 쑥쑥 줄어들었다.

세 명의 자녀를 둔 서 전무 가족의 기본 생활비도 그렇고, 팀 창단 섭외를 위해 사람들을 만나고 다니는 데 드는 비용은 예상외로 엄청났다. 삼익악기 양궁 팀이 해체되면서 받은 퇴직금은 곧 흔적도 없이 사라졌고 약간의 저축과 유산, 1988년 서울올림픽 금메달 획득 후 받은 포상금으로 샀던 땅까지 다 팔아야만 했다. 그것도 모자라 당시 거주하던 넓은 아파트를 팔고 다섯 식구가 6,500만 원짜리 작은 빌라로 이사를 했다. 신용카드 돌려 막기까지 해야 할 정도로 극심한 생활고가 이어졌다.

앞길이 보이지 않는 상황이었지만 그와 선수들은 동지애와 의리 하나로 버텼다. 팀이 없어졌다고 활을 놓을 수는 없었기에 선수들은 계속 대회에 출전해야만 했다. 숙소가 없어 다른 팀 숙소를 임시로 빌려 쓰고, 때로는 샤워장도 없는 중고교생의 숙소도 마다하지 않았다.

결국 삼익악기 양궁 팀이 해체된 지 1년 반 만인 1996년 5월 인천 계양구청이 양궁 팀 창단을 발표했다. 만 1년 반 동안 서 전무와 함께 고생하던 선수 6명이 그대로 계양구청 선수가 되었다. 국가대표 선수가 2명이나 포함되어 있는 팀이 1년 반 동안 월급 한 푼 받지 못하고 고생했지만 한 명의 낙오자도 없이 새 팀을 꾸린 것이다.

서 전무는 "인생에서 가장 큰 고통을 맛본 시절이었지만 지도자로서 나 자신을 한 단계 올려놓은 시간이었다"고 회고한다. 자신이 선수들을 믿고,

선수들이 자신을 믿지 못했다면 폭풍우를 만났을 때 모두 함께 살아남지 못했을 것이라는 의미다.

당시 서 전무와 동고동락한 선수들은 이제 한국 양궁을 이끄는 지도자로 성장했다. 대표적인 예가 런던올림픽 남자대표팀을 맡은 박성수 코치다. 1988년 서울올림픽 단체전 금메달 및 개인전 은메달을 딴 박 코치는 서 전무와 20년 넘게 호흡을 맞춰온 사이다. 선수 시절부터 다른 팀에서 "더 많은 돈을 줄 테니 우리 팀으로 오라"는 스카우트 제의가 빗발쳤지만 이를 거부하고 서 전무 옆에 남았다.

'자신이 선수들을 믿고, 선수들이 자신을 믿지 못했다면 폭풍우를 만났을 때 모두 함께 살아남지 못했을 것'이라는 이야기가 잔잔한 감동과 울림을 준다.

신뢰는 신뢰감을 주는 말과 행동에서 나온다. 경청, 질문, 피드백과 같은 코칭 스킬이 중요한 것은 그 행위 자체가 상대방에게 신뢰를 심어주기 때문이다. 아무것도 아닌 것 같지만 들어주고, 의견을 묻고 하면서 신뢰가 쌓여가는 것이다. 그래서 코칭 스킬이 필요한 것이다.

신뢰의 두 가지 요소: 성품과 역량

사람들에게 '당신은 누구를 신뢰하는가?', '그 사람을 왜 신뢰하는가?', '무엇이 그 사람을 신뢰하게 하는가?'라는 질문을 하면 보통은 좋은 사람, 진실한 사람, 도덕성, 성실성 등 성품의 측면을 많이 이야기한다. 물론 성품이 신뢰에 필수적인 것은 분명하지만 신뢰가 성품만 기초로 한다는 생각은 오해다.

신뢰는 성품과 역량이라는 두 가지 요소를 기초로 한다. 성품은 성실성, 동기, 의도가 포함되고 역량에는 능력, 기술, 성과, 실적이 포함된다. 진실하고 정직하지만 성과를 얻지 못한다면 그 사람을 완전히 신뢰하기 어렵다. 그 반대의 경우도 마찬가지다. 재능과 기술이 뛰어나고 실적이 좋다 하더라도 정직하지 않으면 신뢰할 수 없다. 예를 들어, 누군가의 성품이 신뢰할 만하다면 집을 떠나 있을 때 아이를 맡길 수 있다. 그러나 비즈니스 상황에서는 비즈니스 역량이 없으면 같은 사람이라 하더라도 신뢰하기 어렵다. 반대로 비즈니스 상황에서 신뢰하는 사람이 있더라도 선뜻 아이를 맡기지는 못할 것이다. 그가 정직하지 않거나 능력이 없어서가 아니라 내가 원하는 형태로 보살필 수 있는 사람이 아니기 때문이다.

신뢰는 성품의 측면에서 생각하는 경우가 많지만 역량의 측면까지 함께 생각하는 것이 중요하다. 많은 이들이 놓치는 부분이기도 하다. 실제로 사람들은 일을 잘하는 사람을 신뢰한다. 코치나 감독 자리는 그 분야에서 역량이 뛰어난 사람이나 과거에 실적이 있는 사람에게 맡긴다.

결론적으로 신뢰에는 성품과 역량 두 가지 모두 필요하며, 특히 스포츠 지도자의 관점에서 역량은 신뢰 관계의 주요 요소다. 따라서 역량 차원이 가미되어야 신뢰는 보다 확고해진다. 두 감독의 사례에서도 신뢰는 성품과 역량이라는 2개의 차원을 다 충족시키고 있다.

코치의
두 가지 역할

비범한 인물 뒤에는 훌륭한 스승이 있다

철학자 플라톤에게는 소크라테스라는 스승이 있었고, 플라톤 또한 스승이 되어 아리스토텔레스라는 걸출한 제자를 키워냈다. 조선 실학의 최고봉 다산茶山 정약용丁若鏞은 성호星湖 이익李瀷을 "우리가 능히 천지가 크고 일월이 밝은 것을 알게 된 것은 모두 이 선생의 힘"이라며 존경하여 사숙私淑했다. 음악을 늦게 시작한 작곡가 이고르 스트라빈스키 뒤에는 림스키 코르사코프라는 '아버지 같은 스승'이 있었다. 인간 승리의 대명사로 많은 존경을 받는 헬렌 켈러 곁에 설리번 선생이 없었다면 그녀의 숭고

한 삶도 없었을지 모른다.

스승의 두 가지 역할

철학자 알프레드 노스 화이트헤드Alfred North Whitehead는 "평범한 교사는 말하고tell, 좋은 선생은 설명하고explain, 훌륭한 선생은 모범을 보이고demonstrate, 위대한 스승은 영감을 준다inspire"고 말했다. 진정한 스승이 제자에게 주는 영감은 두 가지다. 이 두 가지는 스승의 역할이기도 한데, 은유적으로 표현하면 '거울'과 '등대' 역할이 그것이다.

먼저, 스승은 제자의 잠재력을 비추는 거울 역할을 한다. 제자는 스승을 통해 자신의 잠재력을 발견할 수 있다는 뜻이다. 사람은 자기와 같거나 비슷한 성질을 가진 사물을 잘 이해한다. 사람과 사람의 관계도 마찬가지여서 어떤 사람을 깊이 이해할 수 있는 이유는 내 안에서 그 사람을 보고 그 사람 안에서 나를 볼 수 있기 때문이다. 애플 사의 창업자인 스티브 잡스Steve Jobs는 "자신의 본 모습을 기억해내는 방법 중 하나는 자신이 존경하는 마음속 영웅을 떠올리는 것이다"라고 말했다. 실제로 그는 자신의 마음속 영웅을 통해 꿈과 재능, 그리고 핵심 가치를 재발견할 수 있었다.

둘째, 스승은 제자가 삶의 방향성을 정립하는 실마리를 제공한다. 옛날 도보 여행자들은 밤하늘에 떠 있는 북극성을 길잡이로 삼았고, 바다 여행자들은 북극성과 함께 등대가 길잡이 역할을 했다. 인생이라는 여행에도 북극성과 등대가 필요한데, 스승이 이 길잡이 역할을 한다. 투자의 귀재 워렌 버핏Warren Buffett은 역할모델을 "나의 영웅"이라 부르며 "여러분의 영웅이 누구냐에 따라 앞으로 여러분의 삶이 어떻게 전개될지도 대강 짐작할 수 있다"고 말했다. 버핏은 컬럼비아대학교의 벤저민 그레이엄Benjamin Graham 교수를 자신의 '영웅'으로 삼았고 그로부터 투자 이론과 실무를 배웠다.

사람은 사람에 의해 바뀌고, 사람을 통해 성숙한다. 스승은 한 사람의 삶에 지대한 영향을 미칠 수 있다. 필자가 사람은 누구나 자신만의 역할모델을 찾아서 깊이 배워야 한다고 믿는 이유다. 코치는 선수들과 학생들에게 거울이자 등대다.

Practice, Practice, 또 Practice

대개 스포츠 이론이나 개념 설명과 같은 교육은 강의실이나 회의실에서 이루어지기 마련이다. 반면에 기법 향상을 위한 연습이나 피드백, 지식 보강 등은 현장에서 반복적으로 이루어진다. 즉, 현장에서 그 기법을 활용하거나 여러 가지 시나리오와 수행 과정을 실행해보며 교정해나가는 것이다. 이것을 현장지도 또는 코칭이라고 한다. 그러나 피드백과 보완이 뒷받침되지 않는 이론이나 지식은 앙꼬 없는 찐빵과도 같다.

코칭 스킬은 일단 일정 수준에 도달하면 습관화되어 지속적인 발전의 토대가 된다. 그러나 코칭 스킬 향상을 경험에만 의존한다면 많은 시간 동안 시행착오를 겪어야 한다. 그 해법으로는 교육과 코칭이 지름길이라고 할 수 있다.

코칭 스킬은 선천적으로 자질을 타고나는 것이 아니라 후천적인 교육에 의해 만들어진다. 그러나 아직까지 이론적인 교육에만 치중하고 있는 스포츠 지도자들이 많다. 운동선수들과 마찬가지로 스포츠 지도자도 무의식적으로 행동할 수 있는 수준에 도달해야 비로소 전문 코치가 될 수 있는데도 말이다. 따라서 이제는 스포츠 지도자들에게도 현장 중심의 코칭 교육과 코칭이 병행되어야만 한다.

일반적으로 실시하는 교육은 다음의 3 Step으로 구성된다.

· Step 1: 실내에서 강사가 일방적으로 주입하는 이론 교육
· Step 2: 실내에서 행하는 능력 개발을 위한 역할극role play, 사례 연구case study, 상담 교육
· Step 3: 현장에서 행하는 실제적 기법이나 코칭을 통한 훈련 방식

그렇다면 가장 이상적인 형태의 교육은 어떤 것일까? Step 3에서 경험한 것을 Step 2의 단계로 가져가 Step 1에서 배운 지식과

비교하여 올바른 것인지 점검하고, 그 결과를 다시 Step 3로 가져가서 훈련하는 것이다. 이를 다시 정리하면 다음과 같다.

· 기본 지식을 습득한다.
· 현장 실습을 통해 경험을 익힌다.
· 그 경험을 다시 기본 지식과 비교하고 점검한다.
· 그 지식을 현장에서 응용하여 새로운 지식으로 축적한다.
· 새로운 지식을 추가하여 보완한다.

이러한 반복을 통해 지식이 경험으로, 경험이 다시 새로운 지식으로 순환되는, 즉 지식 → 경험의 연결고리를 통해 코칭에 필요한 기법들을 습관화해나가는 것이 바람직하다.

이론만 가지고는 코칭에 필요한 기법들을 절대로 습득할 수 없다. 현장에서 직접 체험한 것이 이론과 일치되었을 때 비로소 완전한 지식과 능력이 된다. 그러므로 기법을 습득하고 향상시키는 것은 실전 위주의 훈련과 피드백을 통해 이루어져야만 한다. 따라서 코칭을 책이나 강의를 통해 이론적으로도 공부하고 전문 기관에 가서 실습을 통해서도 배워야 한다. 그리고 배운 것을 현장실습을 통해 강화해야 한다.

전문 코치가 되는 과정은 일반 교육 과정과는 다르게 대부분이 실제 코칭을 해보는 실습으로 구성되어 있다. 스포츠 지도자들에게 물어보면 누구나 코칭을 알고 있다. 그런데 실제 코칭 모습을 관찰해보면, 대부분 기존의 티칭 방식과 크게 다를 것이 없다. 티칭이 나쁘다는 이야기가 아니다. 단지, 선수나 학생들을 성장시키는 방법에는 티칭 외에 코칭도 있다는 것이다. 당신은 골프를 할 때 1개의 아이언만 가지고 하는가? 18홀을 돌면서 10개가 넘는 아이언을 상황에 맞게 고루 사용하듯이 스포츠 리더십 스킬에도 다양한 방법이 존재한다. '코칭'이라는 매력적인 아이언을 당신의 리더십에 추가하면 어떨까?

미야모토 무사시의 《오륜서》는 손무의 《손자병법》, 클라우제비츠의 《전쟁론》과 더불어 세계 3대 병법서로 꼽힌다. 미야모토는 《오륜서》에서 매번 다음과 같은 주문을 강조하면서 수련에 전념할 것을 요구한다.

"스스로를 단련하라."

"많이 공부하라."

"연마하라."

"연구하라."

"음미하라."

이 주문들이 매 항목마다 관용어처럼 등장한다. 평생 상대와 싸워서 한 번도 패한 적이 없는 최고 검객의 교훈치고는 너무 간단하지 않은가?

1970년대에 의식적 능력학습단계 모형Conscious Competence Learning Stages Model을 개발한 토머스 고든Thomas Gordon은 학습에 네 가지 뚜렷한 단계가 존재한다는 사실을 발견했다. 이 모형은 현재까지도 학계와 교육계에서 널리 활용되고 있다. 네 단계는 다음과 같다.

· 1단계_ 무의식적 무능력: 자신의 장점이나 문제가 무엇이며, 어떻게 이를 확인하는지 모른다.

· 2단계_ 의식적 무능력: 장점이나 문제를 확인할 능력은 있지만 그것을 개선하거나 바로잡을 열망이나 지식이 없다.

· 3단계_ 의식적 능력: 원하는 결과를 성취하기 위한 능력을 갖추었지만 필

요한 조처를 하는 프로세스에 의도적으로 초점을 맞출 필요가 있다.

· 4단계_ 무의식적 능력: 프로세스에 대해 생각할 필요 없이 원하는 결과를 성취할 능력을 갖추고 있다.

이와 같이 인간의 학습 과정은 연습량과 훈련 방법에 따라 뚜렷하게 구분된다. 좋은 코칭은 좋은 코칭 스킬에서 나온다. 그리고 좋은 코칭 스킬은 연습에서 나온다는 것을 기억하라! 안정된 코칭 스킬은 Practice, Practice, 또 Practice를 통해 나온다.

·참고문헌

· 김상범(2015),《탁월한 리더는 피드백이 다르다》, 호이테북스.
· 김석기 · 이제승(2018), "훌륭한 스포츠 지도자의 코칭 철학적 사고 자질 탐색", 한국체육과학회지, 제27권 제3호, pp. 71-82.
· 김선희(2009). "누가 좋은 코치인가?: 이상적인 코치의 자질", 한국체육학회지, 제48권 제2호, pp. 183-194.
· 김은정(2016),《코칭의 심리학》, 학지사.
· 다니엘 코일(2009),《탤런트 코드》, 웅진지식하우스.
· 데이비드 시로타 · 루이스 미쉬킨드 · 마이클 멜처(2007),《열광의 조건》, 북스넛.
· 로빈 스튜어트 코츠(2008),《행동이 성과를 만든다》, 비즈니스맵.
· 매슈 사이드(2010),《베스트 플레이어》, 행성B.
· 문화체육관광부(2015),〈2015 국민 생활체육 참여실태 조사〉.
· 문화체육관광부(2018),〈2018 스포츠 산업 실태 조사(2017년 기준)〉.
· 박정근(2001), "인간관계와 코칭 리더십", 코칭능력개발지, 제3권 제1호, pp. 23-38.
· 선종욱(2010),《리더십 혁신 경청하라》, 태동출판사.
· 송용관 · 천승현 · 장윤정 · 김보람(2016), "통제적 코칭 행동이 운동선수들의 심리적 욕구, 소진과 도덕적 행동에 미치는 영향", 한국체육교육학회지, 제21권 제1호, pp. 69-88.
· 스티븐 M.R. 코비(2009),《신뢰의 속도》, 김영사.
· 안데르스 에릭슨 · 로버트 풀(2016),《1만 시간의 재발견》, 비즈니스북스.
· 안문용 · 최관용(2011), "스포츠 코칭 연구 동향과 과제", 한국스포츠학회지, 제9권 제4호, pp. 27-35.
· 에노모토 히데타케(2004),《마법의 코칭》, 새로운제안.
· 오브리 다니엘 · 제임스 다니엘(2009),《직무수행관리》, 학지사.

· 이면우(1995),《신사고 이론 20》, 삶과꿈.

· 이소희 · 길영환 · 도미향 · 김혜연(2014),《코칭학 개론》, 신정.

· 이안 스태퍼드(2016),《스포츠 코칭론》, 레인보우북스.

· 제인 웨스트 버그 · 힐리어드 제이슨(2015),《반성적 사고와 피드백》, 군자출판사.

· 제프 콜빈(2010),《재능은 어떻게 단련되는가?》, 부키.

· 조욱상(2015), "전문체육의 교육적 의미에 대한 소고: 스포츠 티칭과 스포츠 코칭의 개념을 중심으로", 한국스포츠교육학회지, 제22권 제1호, pp. 151-171.

· 최의창(2014), "전인적 청소년 교육을 위한 스포츠 활용: 최근 국제 동향과 학교 체육에의 시사점", 아시아교육연구, 제15권 제3호, pp. 247-276.

· 최의창 · 안양옥 · 이옥선(2014), "전인적 청소년 육성 관점에서의 학교 스포츠 클럽 운영 현황 및 효과 분석", 체육과학연구, 제25권 제4호, pp. 846-859.

· 최진훈 · 이도희(2015), "생활체육 지도자의 코칭 역량이 지도자 신뢰 및 운동몰입에 미치는 영향", 한국사회체육학회지, 제59호, pp. 123-135.

· 캐럴 드웩(2017),《마인드셋》, 스몰빅라이프.

· 토니 슈워츠 · 캐서린 맥카시 · 진 고메스(2011),《무엇이 우리의 성과를 방해하는가》, 리더스북.

· 티모시 골웨이(2006),《이너게임》, 오즈컨설팅.

· 퍼드낸드 퍼니스(2002),《리더를 위한 코칭 스킬》, HRPARTNER컨설팅.

· 프랜시스 후쿠야마(1995),《트러스트》, 한국경제신문사.

· Balcazer, F. E., Hopkins, B. I., & Suarez (1985). A critical objective view of performance feedback, Journal of Organizational Behavior Management, 7, pp. 65-89.

· Bruce J. Avolio and Fred Luthans (2006),《The High Impact Leader》, New York: McGraw Hill.

· Daniel Goleman (1995),《Emotional Intelligence》, New York: Bantam Books.

· David Hemery (1991),《Sporting Excellence: What Makes a Champion?》, London: CollinsWillow.

- Joseph LeDoux (1998), 《The Emotional Brain》, New York: Simon & Schuster.
- K. Anders Ericsson, Ralf Th. Krampe, and Clemens Tesch-Romer (1993), "The Role of Deliberate Practice in the Acquisition of Expert Performance", Psychological Review 1993, Vol. 100. No. 3, pp. 363-406.
- Komaki, J., & Barnett, F. (1977), "A behavioral approach to coaching football: Improving play execution of the offensive backfield on a youth football team", Journal of Organizational Behavior Management, 3, pp. 151-164.
- Martin, G. L., & Hrycaiko, D (1983), 《Behavior modification and coaching: Principles, Procedures, and research》, Champaign, Illinois: Charles C. Thomas.
- Ryan, R. M., & Deci, E. L. (2000). Self-determination theory and the facilitation of intrinsic motivation, social development, and well-being. American Psychologist, 55(1).
- Thomas F. Gilbert (1978). 《Human Competence: Engineering Worthy Performance》, New York: McGraw Hill.
- Van Houten, R. (1980). 《Learning through feedback》, New York: Human Sciences Press.
- Walter B. Cannon (1929). 《Bodily changes in pain, hunger, fear, and rage》, New York: Appleton-Century-Crofts.